I sag gar nix.
Dös wird man doch noch sagen dürfen!

Die kleine Reihe

Karl Valentin

I sag gar nix.

Dös wird man doch noch sagen dürfen!

Politische Sketche

Büchergilde Gutenberg

Herausgegeben und mit einem Nachwort
von Helmut Bachmaier

5. Auflage 2002
Lizenzausgabe für die Büchergilde Gutenberg
Frankfurt am Main, Wien und Zürich
mit freundlicher Genehmigung der
R. Piper GmbH & Co. KG, München

Einbandgestaltung Heinrich Thomas, Heidesheim
Herstellung Margot Mayer, Erzhausen
Satz Dörlemann-Satz, Lemförde
Druck R. Oldenbourg, Graphische Betriebe, Kirchheim
Bindung Oldenbourg Buchmanufaktur, Monheim
Printed in Germany 2002 ISBN 3 7632 4272 4

Inhalt

Monologe

Couplets

Dialoge

Szenen

Artikel

Monologe

Karl Valentin und die Weltpolitik

Ein Vorschlag des bekannten Münchner Künstlers

Bei einer Reichstagswahl hat sich einmal jemand den Jux erlaubt, mich als Kaiser des deutschen Reiches zu wählen. Ich habe dieses auch sofort als Jux aufgefaßt. Die Hellseherin Frau Amalie Plifentranz, die bekanntlich wieder einen neuen Krieg kommen sieht, ist nun schuld daran, daß ich über obengenannte Angelegenheit anders denke als damals.

Ich möchte zwar nie Herrscher sein über Länder und Reiche – aber eines möchte ich – nur eines –. Einmal möchte ich reden dürfen in einer Völkerbundssitzung in Genf, und allen den Großen, die da immer zusammenkommen, möchte ich etwas sagen, was sie noch nie gehört haben. – . . . Meine hohen Herren – würde ich sagen –! Wiederum sitzen Sie heute beisammen, um den ewigen Weltfrieden zu besprechen, wiederum werden Sie es nicht fertigbringen, den Weltfrieden unter den Völkern zu sichern, das heißt – Sie finden keine Mittel und Wege, die blutigen Kriege aus der Welt zu schaffen. Es ist traurig, daß Sie ausgerechnet gerade mich dazu brauchen, daß gerade ich zur Lösung eines solch großen Weltproblems herangezogen werden muß. Aber ich kenne Ihre Verzweiflung und erlaube mir, in dieser wichtigen Weltsache ein Wort dreinzureden. Ich weiß ja schon im voraus, daß ich für meinen wohlmeinenden Vorschlag (Abschaffung des blutigen Krieges) nur Ihre werte Lächerlichkeit auf mich nehmen muß. Das schadet nichts – nein, gar nichts – denn tausend andere werden sich an meiner Idee erfreuen. Leider muß ich mich an die häßlichen Worte anklammern: »Solange es Menschen gibt, wird es Kriege geben!« – Aber, wenn es schon nicht anders sein kann – dann wenigstens keine blutigen Kriege. Ich schreie es mit Bertha Suttner hinaus in alle Welt – »Die Waffen nieder . . . Fort mit Bomben und Granaten!« Wo zeigt sich die Kraft eines Volkes, wenn man mit einem Maschinengewehr 1000 kräftige gesunde Menschen wie Grashalme abmäht? Wo zeigt sich die Kultur eines Volkes, wenn man aus den Lüften Gas und Feuer über menschliche Wohnstätten wirft? – Darum weg mit den technischen Mordwerkzeugen– die menschliche Kraft soll in Zukunft die Waffe ersetzen ... Nehmen wir einen kommenden Krieg an z. B. zwischen Frankreich und Deutschland – geführt mit meiner Methode. Ein langes dickes Drahtseil in der Länge der Zugspitzbahn – wird nach der Kriegserklärung – halb ins deutsche, halb ins französische Flachland gelegt. Hierauf werden von den beiden kriegführenden Parteien, sagen wir je 1000 der stärksten Sportsmänner ausgesucht. Die beiden Generalstäbe stehen auf der Schiedsrichtertribüne und geben durch ein lautes Sirenenzeichen den Beginn des kriegerischen Tauziehens bekannt. Keine Blutstropfen – nur Schweißtropfen – werden bei diesem Kriege fließen! Und hat nun eine feindliche Partei ihren Gegner in ihr Land gezogen, so hat dieselbe 1000 Gefangene gemacht und somit den Krieg gewonnen. Der besiegte Gegner zahlt die Auslösungssumme (je nach Übereinkommen) für seine Gefangenen. Gesunde – frohe Menschen kehren vom Kriege heim ...! Also – – macht aus den kommenden Kriegen große Sportsfeste zum Heile der ganzen Menschheit auf Erden!

Unpolitische Rede

Hochgeehrte Versammlung!

Es freut mich ungemein, daß Sie, wie Sie, wenn Ihnen das sozusagen irgend jemand beispielsweise, oder daß Sie gewußt hätten, widrigenfalls ohne direkt, oder besser gesagt inwiefern, nachdem naturgemäß es ganz gleichwertig erscheint, ob so oder so, im Falle es könnte oder es ist, wie erklärlicherweise in Anbetracht oder vielmehr warum es so gekommen sein kann oder muß, so ist kurz gesagt kein Beweis vorhanden, daß es selbstverständlich erscheint, ohne jedoch darauf zurückzukommen, in welcher zur Zeit ein oder mehrere in unabsehbarer Weise sich selbst ab und zu zur Erleichterung beitragen werden, ohnedem es wie ja unmöglich erscheint in bis jetzt noch nie, in dieser Art wiederzugebender Weise, ein einigermaßen in sich selbst, angrenzend der Verhältnisse, die Sie wie Sie, ob Sie gegen Sie oder für Sie nutzbringend in sich selbst von vorne als gänzlich ausgeschlossen erachtet werden wird, und daß ohnehin einer ferngehaltenen Verschlimmerung ein, oder ein in irgendeinen einigermaßen einzig verschwiegen ist.

Dennoch treten eine insgesamt wie sich zeigende, weniger oder einschließlich von unabsehbarer Weite sich kreuzende Meinungsverschiedenheiten die in unbestimmt einschneidende Zirkulationshemmungen auftretenden Gesichtspunkte auf. Gegebenenfalls erscheinen also nie wiederkehrende Emanzipationen, welche einer dringenden Abhilfe, insofern gegenüber zu stehen erscheinen, wenn beiderseits die interessenlose Resignation widerspenstiger Auftritte seitens der Gedankenhalluzination beiderlei Geschlechtes sich in mehrheitigen Gesinnungsvibriationen durch Kontrapunkte in nichts verwandeln, und eine parteilose, hochprozentige Stimmungsmehrheit vorläufig zu Tage treten wird.

Gerade die machtlose Erscheinungsmöglichkeit ob und wie, jetzt oder später, ist die Grundessenz der lageveränderten Zeitpunkte, welche keinerlei maßgebende eventuelle Aktualitäten in sich bringt und der zeitweiligen Vernichtung von Privatexistenzen zugrunde liegt, obwohl Europa nie Anteil daran genommen hat.

Ich beschließe die heutige Versammlung und heiße Sie zum Schlusse herzlich willkommen und begrüße Sie
hochachtungsvollst
im Namen sämtlicher Zuhörer,
habe die Ehre!

Die Frau Funktionär

Komischer Vortrag aus dem Jahre 1918

Naa, die Welt ist ein Theater,
Auf der Welt da gehts jetzt zu,
Wo'st nur hinschaugst mußt di' ärgern,
Nirgends hast a Rast und Ruah.
In der Ehe mit de Kinder,
Mit der Wohnung, mitn Mann
Machst du in der Fruah die Aug'n auf
Geht das Kreuz scho wieder an.

Mei Gott, is dös heutzutag a Kreuz, sozusagen ein direkter Kampf ums Leben – ja ein direkter Kampf, wenn ma's richtig nimmt, de ganze Welt ist eine Falschheit, ein Schwindel, oana schwindelt den andern o, koan Menschn derfst mehr traun, naa, naa, is des a Jammer, aber mitmacha mußt, bist d' stirbst, und als Toter hast na aa no koa Ruah, da schimpfas na aa no über di, daß d' in koan altn Schuach mehr neipaßt, wie man so sagt. – – Bei der Beerdigung von meiner Freundin ihrn Mann, dem Herrn Trambahnkontrolleur Kammerberger, wars glei so, is a so a guata, braver und fleißiger Mann gwenn, mit so an gefährlichen Beruf, mit oan Fuß is a so an ganzen Tag im Grab gstanden, er war nämlich bei der Münchner Straßenbahn Kontrolleur, wie der Herr Hochwürden, Herr Dekan Obermeier von Sankt Heiligengeist in der Grabred betont hat – – ein fleißiger Mann in seinem Beruf – – na habns hinter mir gsagt: »A fleißiger Mann, daß i net rutsch, an ganzen Tag is er Trambahn gfahrn und to hat er gar nix, als wie an ganzen Tag hat er bloß gsagt: Billetten vorzeigen – – Danke –«. Sehn S', so bös san die Leut und der elektrische Trambahnberuf ist doch wirklich ein ganz aufopferungswürdiger Beruf. – – – – –

In unserm Haus, vielmehr in unserm Gang wohnt auch eine Frau, von dera Frau d'Schwägerin, a liebe, nette Frau, i kenn s' zwar net, aber was i g'hört hab, die soll auch bei der Trambahn sein, Schaffnerin, und noch dazu auf der Linie 13 – – du heiliger Josef, i bin net abergläubisch, aber wie kann man denn so gewissenlos sein, stell'ns Eahna vor, wenn die Frau grad am 13. mit der 13er Linie 13 Mark einnimmt, da muß doch a Unglück passieren – – aber mei, des is halt Schicksal, wie's eim bestimmt is, so kommt's; so hat mei Mo amal glaubt, daß er's Ludwigskreuz kriegt, des is halt lauter Bestimmung, so was kommt plötzlich daher, ma hat oft vorher nicht die geringste Ahnung. – –

Mit mein Sohn geht's jetzt die letzte Zeit, Gott sei Dank, wieder besser, mei Gott, hat der arm Kerl ausgstandn, da Doktor Meier in der Kaufingerstraßn hat'n operiert an Stirnhöhleneiterung, unterm Operiern rutscht der Doktor auf einer Zitronenschaln aus und fahrt ihm mitm Lanzett ins Hirn nei, gut, daß mei Sohn 's Hirn so weit hint hat, sonst waar's g'fehlt gwen. Da Alfred der zwoatälteste hat a Zahnfistel ghabt, da war aber unser Hausarzt dran schuld, der hatn falsch behandelt und der hat an Bubn auf Glenkrheumatismus kuriert. – Jetzt geht er scho bald ins 16. Jahr, da Alfred, hoffentlich kommt er nimmer zum Krieg dazu, wenn er nur grad recht langsam gedeihn tät da Bua, gsund is a ja so net recht, denkas Eahna, der g'rat ganz an Vater nach – – mei Mann is nämlich Magistratsbeamter, aber sehr leidend, der hat so a Art Schlafkrankheit, die is nicht schmerzhaft, aber sehr zeitraubend, – stelln S' Ihnen das Unglück vor, wenn die Krankheit mei Sohn auch kriegn tät, mit der Schlafkrankheit kann ja der Bua koa G'schäft lerna, no ja, g'fehlt wär's nie, wenn alle Strick reißat'n, bringt'n halt der Papa in'n Magistrat nei. –

O mei, mit de Kinder is jetzt scho a recht's Kreuz, a Familie wo heutzutag acht oder neun Kinder hat, is net zum Beneid'n, mir ham Gott sei Dank nur sieb'n, geht da der Ärger und der Verdruß scho net aus. – – – Mei Kloane, de mit sechs Jahr, d'Anni, bringt neulings von der Schul d'G'sichtsros'n mit hoam, mei Gott, i war ganz resultatlos; Hundsbankat, reidiger, hab i g'sagt, wie kimmst denn du zu der Rose, zu dera G'sichtsros'n, hättst lieber d'Parkettrosn mitbracht, na hätt ma wenigstens was zum Bodenputzen ghabt. – – Und so kommt alle Tag was anders daher. – –

Unter uns da wohnt a Filmschauspielerin, und dera muß d'Gretl, mei zweitälteste Tochter, imma 's Sach holn, neilings hat s' es furtgschickt um an Puder und de Kloa hats falsch verstandn, und hat ihr an Butta bracht, a Fünftl. – – Hats zu meiner Kloan gsagt: »Mach's nächstmal deine Ohrwaschl besser auf, dumms Ding, dumms«, aba da bin i auffi – »Was«, hab i gsagt, »is mei Tochter, wos für a dumms Ding hat Ohrwaschln? Sie alte Filmschuxn, sans froh, daß Eahna 's Deandl an Butter bracht hat statt an Puder, dann kennas wenigstens Eahnan ausdürrtn Magen damit einschmiern, daß a net allawei so knarzt, Sie Filmgspenst, Eahnane Gsichtsfaltn san ja so scho de reinsten Dachrinnen, de könnas nimma verpudern, da is gscheiter, Sie kaufen Eahna a Gasmaske oder an Taucherhelm und deckas Eahnan gfalteten Fesselballon ganz zua, und wenn S' 's nächstmal wieder was braucha, na lassns Eahna Eahnane G'sichtsutensilien 's nächstemal von a Packträger mitn Zwoaräderkarrn holn, und verschonas mei Tochter mit Eahnan Gang, Sie langhaxate Blindschleicha.« – – –

Ja, wissens, d'Leut taaten mit de andern Leute eahnane Kinder grad was wolln, naa, naa, dös gibts net – mei Mann natürlich, der kann ja mit de Kinder gar net umgeh, der hat keine Ahnung von der Kindererziehung, unsern dreijährigen Pepperl gibt er neilich 's offene Rasiermesser zum Spieln – – i kimm grad dazua, schrei glei: um Himmelswilln, reiß an Buam 's Messer aus der Hand, sagt mei Mann: »Laß ihm doch, der kann sich ja doch no net rasiern.« Sehn's, so dumm redn d'Mannsbilder daher. – – –

Ja, ja, 's is a Kreuz, jetzt derf i heut no umanand laufa, daß i für morgn was auftreib, das is jetzt eine Umanandrennerei, heutzutag an Haushalt führn is direkt a Kunst, ma werd nimmer fertig. Kaum moanst, jetzt kannst 's kocha anfanga, fehlt dir wieder des und das, nacha hast wieder koane Kohln, wennst nacha um Kohln gehst und bist beim Kohlenhändler, hast d'Kohlenmarken wieder vergessen, dann lauft ma wieder hoam um d'Kohlnmarken, kimmst dann mit de Marken zum Kohlnhändler, derweil hat der koane Kohln mehr. – – –

I sag ja, es is schrecklich und manche Leut habn no alles, was eahna Herz begehrt, die Ungerechtigkeit ist zu groß auf der Welt, drum soll unser Herrgott wieder amal a Sündflut kemma lassen und alles wegschwoabn lassen.

Und mit de Dienstboten ist das heutzutage aa so a Kreuz. Moanas ich treibet jetzt a neue Köchin auf? Nicht um alles in der Welt. Dö ma jetzt ham, dera gfallts nimma bei uns, ham Sie Worte? Tut man dem Trampel alles, was man ihr von die Augen absieht; Mittag gibt ma ihr 's ganze Essen, dös was mir nimma mögen, hat ihr eigenes Bett, d'Ortskrankenkasse laßt ma ihr selba zahln und da g'fallts ihr nimma bei uns; da kann man doch gar nimma reden. Ich mein, wenn man einem Menschen in jeder Weise entgegenkommt wie ich – neulich bin ich ihr sogar zum Metzger entgegen komma, weil s' imma so lang ausbleibt und habs recht z'sammag'staucht.

Und ein wüstes Frauenzimmer ist das, jetzt ist sie schon 35 Jahre alt, meinens, dö fürcht noch an Kaminkehrer? Ja, Schafkas – im Gegenteil, nachlaufa tuts ihm noch, dös Luder. Aber da derf ma nichts sagen, da waars aus bei mein Mann, über sei Käthi, da laßt er nichts kommen, dö wenn eahm viereckige Knödl am Tisch hinstellt, na sinds a rund bei ihm. – Alle 14 Tag hat's Fräulein Käthi Ausgang von 2–8 Uhr, sie kommt aber jedesmal erst am andern Tag in der Früh heim.

Schauns, auf Weihnachten hat ma koa Geld ang'schaut, mei Mann hat ihr drei Ohrringel kauft und einen Schlittschuh und ich hab ihr, daß s' auch a Freud hat, vom Kaspar Ostermayer 's Magdzimmer desinfektieren lassen; meinas ich hab an Dank g'habt, ja an Dreck – aber heuer auf Weihnachten, wenns noch bei uns ist, solln's von mir aus d'Wanzen fressen. Kinoschauspielerin möchts jetzt werden! Ham Sie Worte! Sie, mit dera broatn Bauernfünferlarva! Denkens lieber an Eahna Kocherei, hab i gsagt, daß S' lerna, auf was für a Seiten daß ma's Butterbrot schmiert, moana denn Sie mit Eahnan gwarzatn Verdrußfalten-G'sicht und mit Eahnan Baumhacklteint werden Sie a Schauspielerin? A Abspülerin können's macha in der Wärmstube, in der 15-Pfennig-Abteilung hint.

Ja, es ist unglaublich, und eingebildet ist die Person; sie bildet sich immer ein, mein Mann ist in sie ganz verrückt, so was braucht sie sich doch nicht einbilden, der freche Socka, wo es doch bittere Wahrheit ist. An ganzen Tag hats nur ihre Mannsbilder im Kopf, drum ist sie auch so furchtbar zerstreut. Was tuts nicht neulings? Reibts net in unserm chinesischen Speisesalon die schöne Goldtapete mit Stahlspäne ab, daß d'Fetzen glei bis am Fußboden runter g'hängt san; an Parkettboden putzt's Rindvieh mit Sidol, an Kanarienvogel gibt sie's Hundsfressen, auf Weihnachten hats Ostereier g'färbt, am hl. Dreikönigstag hats Kirtanudln bacha, auf Pfingsten hats auf unser schwarz poliertes Tafelklavier mit der weißen Ölfarb Kaspar, Melchior und Balthasar naufg'schrieben und d'Goldfisch reibts mitn Staublumpn ab.

Mancher Mensch hat keine Ahnung,
naa heut hab i schon was g'flucht,
wenn ma so wie eine Nadel
eine neue Köchin sucht,
telephonisch, telegraphisch,
durch die Zeitung, durch die Post,
ich such eine gute Köchin,
hohen Lohn und gute Kost.

Vom Wohnungsamt

Vom Wohnungsamt da komm ich her – ich bring euch gute neue Mär: wer jetzt noch keine Wohnung hat – kriegt keine mehr in unsrer Stadt.

Heut sinds grad sechs Jahr, daß ich am Wohnungsamt vorgemerkt bin. Und so oft ich früher in Rosenkranz ganga bin, ins Angerkloster, so oft geh ich jetzt aufs Wohnungsamt. Es ist sozusagen meine zweite Heimat geworden. Es ist zwar immer ein fader Gang da hinauf, und es ist grad gut, daß wenigstens die Herrn Beamten vom Wohnungsamt so nette freundliche Menschen sind. Der eine gar auf Schalter 13, der sagt jedesmal zu mir: – Schaugns morgn wieder her, und das sagt er so lieb, daß mir jedesmal die Tränen in den Augen stehn, so fürcht ich mich vor dem. S' letztemal hat mich der eine Beamte g'fragt, ob ich auch wirklich verheiratet bin, und ob ich auch wirklich fünf Kinder hab. Er hats halt gar net recht glauben können, er hat gmeint, ich lüg ihn an. Dann bin ich aber heim, und hab s' alle g'holt. Mitn Kinderwagl bin i glei über d'Stiagn nauf g'fahrn. Und drobn hab ich s' ihm alle vorgestellt. An Micherl, an Wiggerl, an Hanserl, an Sepperl, d'Fanni und d'Walli. –

Der hat gschaut, der hat nimmer gsagt sehr angenehm – das war ihm schon sehr unangenehm. So hab ich gsagt, mit dene fünf Kinder, mit mein Mann, mein altern Vatern und der Schwiegermutter – Hund, Katz und Henna, ham mir zwei Zimmer. Und manche Großkopferte ham zu zweit, sage und schreibe, 10–20 Zimmer. Ja ja mir sind furchtbar beschränkt – nicht mir selbst, sondern mit unserer jetzigen Wohnung. Wohnung kann man da eigentlich nimmer sagn, mir sagn halt so, weil wir bis jetzt noch keinen passenden Ausdruck dafür g'funden ham, wie wir unser jetziges Heim nennen könnten. Logi mögn ma net sagn, weil das ein Fremdwort ist, und Dreckloch, das ist uns zu ordinär.

Wir wohnen halt jetzt sechs Jahr in der Vorstadt Au – in der Quellengasse neben der alten Papierfabrik am Auer Mühlbach. Hausnummer ham ma koane, aber es ist leicht zu finden – wenns uns b'suchen wolle, brauchens nur in d'Quellenstraß gehn, wo dö Kunstmaler allwei umanander hocke, und speziell das Häusl – wo dö allwei abmaln, in dem wohna mir. Mir ham ja nie über unser trautes Heim geklagt, aber – wie uns vor drei Jahr das letzte Hochwasser aus'n Schlafzimmer an Fuaßbodn rausg'schwoabt hat, von da ab war ein weiteres Ausharren unmöglich. Das einzige Schöne was wir in der Wohnung ham, ist das laufende Wasser – das lauft Tag und Nacht über d'Wänd runter, so feucht ist's in unsrer Burg. Und ein Leben ist drin. Alle acht Tag werden die Schulkinder klassenweise in unser Wohnung g'führt, und der Herr Lehrer erklärt den Kindern bei uns das Leben und Treiben des Hausungeziefers. Drum hat auch der Herr Kommisär von unserm Bezirk gsagt, die Wohnung ist nicht mehr geeignet für menschliche Wesen. Sie müssen eine andre Wohnung kriegen, hat er gsagt, dafür ist das Wohnungsamt da – wir kriegn aber keine vom Wohnungsamt, sechs Jahr wart ma jetzt drauf ...

Ja für was ist denn das Wohnungsamt eigentlich da?

Ich komme von der Hölle rauf!

Eine Teufelsszene

(Vortragender ist als Teufel kostümiert [...])

Gesang (Melodie: O Tannenbaum)

Ich komme von der Hölle rauf, wie Pluto mir befohlen,
auf dieser Welt sind viele Kerls, die soll der Teufel holen,
und was mein Meister mir befiehlt, besorg ich ohne Zweifel,
's ist Pflicht und Schuldigkeit von mir, für was bin ich der Teufel.

Vortrag
Entschuldigen Sie, Sie brauchen sich nicht fürchten vor mir, ich tu Ihnen nichts. I bin nämlich der zünftigste Teufel, den Sie Ihnen denken können. Mich hat nur unser Alter, der Luzifer raufg'schickt auf d' Erdkugel, wegen so gewisse Brüder – die soll nämlich der Teufel holen. – No ja, des is ja mei' G'schäft. – Ja, es is net gar schö' in der Höll' drunt, wie die Leut immer sagen. Es wär' schön, wenn's net gar so überfüllt wär. – Also Teufl'n san bei uns drunt, nimmer zum zählen; des ist auch ganz leicht erklärlich. Auf der Welt heroben, da ist das ganz anders, da werden die Leut geboren, leb'n dann eine Zeit lang, und dann holt's der Teufel, wie man so sagt. Wenn er dann a Teufi is, dann bleibt er a Teufi in Ewigkeit! – oder hab'n Sie schon g'hört, daß an Teufi nochamal der Teufi holt? Dös gibt's doch net? Folglich wird d' Höll amal so voll, daß koa Teufl mehr drunt aushalten kann – vor lauter Teufl. – Der erste Teufl war der Kain! Wer den damals g'holt hat, des woaß i net, damals hat's noch gar koane Teufin geb'n. Wia i g'storb'n bin, war eigentlich s' schönste die Höllenfahrt – also s' Gegenteil von der Himmelfahrt. – Da geht's 'nauf und bei der Höllenfahrt geht's abi, und schnell geht des. – Ich bin halt damals um 12 Uhr von der Welt wegg'fahr'n, um 12 Uhr eins war ich schon drunt'. –
Viele Leut moana da, es geht gleich direkt in d' Höll 'nei, des is aber net wahr. Dös ist fei großartig organisiert. Zuerst kommt man in den Anmelderaum, da san lauter Schalter und in jedem Schalter sitzt ein Beamter. Die Schalterbeamten sind lauter frühere Postbeamte und die müssen zur Strafe drunten recht freundlich bedienen. Wenn man angemeldet ist, geht's zum Verzauberungsraum, das ist das Interessanteste, da zieht man sich aus, dann reibt oan a Teufi mit einer Hornsalb'n ein und im Nu wachsen einem so lange Hörndln. I hab' g'lacht! Vor lauter Schau'n hab i halt vergessen, daß ich an Hut 'runterto hab, auf einmal ist der Hut auf die Hörndln droben g'hängt. Dann

nimmt er a andere Salb'n und reibt einen am Rücken hint ein, im nächsten Moment ist mir der Schweif da g'wachsen. – Also, das is ein g'spassiges G'fühl, wenn einem so a langes Zeug da hint 'nunterhängt. Die ersten 4 Wochen bin i immer drauftreten, natürlich weil ich dös da hint net g'wohnt war. Dann kommt die Hauptsache! Jeder Teufe ist doch rot, – net daß Sie meinen, man wird rot angestrichen – – na, des is ganz anders. Da is a große Arena, so ähnlich wie a Zirkus, un da werden alle weißen Teufeln 'nei'trieb'n. Auf der Seit'n is ein Podium, da sitzt die Teufelskapelle und spielt fortwährend moderne Operettenmusik, die kann doch koa Teufi net aushalt'n. Folgedessen fangen die alle s' Laffa o und laufen solang in der Arena rum, bis ganz erhitzt san und ganz rot, das ist dann der sogenannte Rotlauf. Jetzt ist man ein fertiger Teufel!

Das schrecklichste da drunten is halt die Fresserei. Da gibt's lauter feurige Speisen: Feuersalamander, Blutorangen, Paradiesäpfel, Kreuzotternkompott, Nachteulenaugen in Spinnwebensauce, Fledermäuse am Spieß gebraten usw. – Nach dem Essen darf sich jeder Teufi a Stund ausruh'n in einer Hängematt'n, die is aber aus Stacheldraht, dös is a bluatige Liegerei. Hernach geht's an d' Arbeit. Jeder Teufi kriegt eine Beschäftigung. – Grad das Gegenteil von dem, was er auf der Welt war. Dö Eskimo, die alle d' Kält'n g'wohnt san, müss'n drunt Heizer machen, dö auf der Welt Heizer war'n und die Hitz g'wohnt san, müss'n Erdbeerg'frorn's machen für'n Oberteufi. Auch sonst gibt's viel Arbeit, weil ma alle Augenblick auf d' Welt raufmüss'n und was hol'n. O mei, wenn wir des alles holen taten, was d' Leut allweil sag'n, da taten wir mit der Arbeit gar nimmer fertig werden. Haut sich z. B. a Schuster mit'n Hammer auf'n Finger 'nauf, dann soll den Hammer der Teufl hol'n. Wart oana auf d'Trambahn, und sie kommt recht lang net, dann soll's der Teufi hol'n. Zünd oans a Zündhölzl an und es brennt net, dann soll's der Teufl hol'n. An G'richtsvollzieher soll der Teufl hol'n. D'Schwiegermuatter soll der Teufl hol'n. D' Kohlennot soll der Teufl hol'n. Kurzum, alles was Euch Menschen da heroben net paßt, das sollen mir in die Höll nunter schaffen. – Sogar die ganze Weltpolitik soll der Teufel hol'n, dös wer'n wir uns aber reiflich überleg'n, daß mir da drunt dieselbe Sauerei bekommen würden. – Uns wär's schön gnua, dö könnt Ihr schon selber behalten.

Gesang
Nun fahr ich wieder in die Höll',
da drunt is mir viel lieber,
da gibts koan Streit, kein Zank, kein Haß,
kein Wuch'rer und kein Schieber.
Die Menschen all auf Erden hier,
da gibt es nichts zu zweifeln,
sind zehnmal schlechter, meiner Ehr,
wie unsre ganzen Teufeln.

(Fährt wieder in die Versenkung hinunter.)
Die Bühne soll bei diesem Vortrag immer rot beleuchtet sein. Blitz, Donner, Sturmgeheul steigert den Erfolg.

Hochwasser

Heute nachmittag drei Uhr dreißig sind genau achthundert Jahre verflossen seit Bestehen unserer Isar. Das Isarbett selbst wurde erbaut von Herzog Jakob dem Wäßrigen. Seine Gemahlin, die spätere Kronprinzessin Cenzi von Harlaching, der frühere Kurprinz Maximilian der Wamperte, Großherzog von Kleinhesselohe waren bei der Isarenthüllung zugegen. Es war ein feierlicher Akt, ein historisches Jubiläum, als die ganze Münchner Bürgerschaft, der Stadtmagistrat samt den Stadtvätern auf der Fraunhoferbrücke standen und jeden Moment auf die ersten Isarwellen warteten. – Auf der damaligen Praterinsel standen schon Böller salutbereit, die kleinen Häuser und Herbergen waren schon den ganzen Tag illuminiert in den Münchner Stadtfarben, und Tausende gelbe und schwarze Flämmchen leuchteten in den sonnigen Tag hinein.

Punkt vier Uhr sollte der grüne Fluß eintreffen, aber es wurde später und später, und kein Tropfen Isar war zu sehen. Es wurden sofort Extrablätter verteilt mit der Inschrift: »Isar noch nicht eingetroffen, eine Stunde Verspätung!«

Große Bestürzung unter der Bevölkerung, aber das Volksgemurmel wurde durch ein eigenartiges, unleises Rauschen unterbrochen – ein kurzes Horchen der Menge, und aus tausend Kehlen schallt es durch die Auen: Die Isar kommt, die Isar kommt, die Isar kommt, die Isar ist schon da. Vom Frauenturm herab (der allerdings erst später erbaut wurde) hielt Bürgermeister A. Bcdef eine Ansprache, welche durch das damalige trübe Wetter für die Allgemeinheit sehr schwer verständlich war; nur der Turmwächter, welcher die Rede mitstenografierte, konnte dieselbe der Nachwelt überliefern. Die Ansprache lautete:

»Willkommen, edler Gebirgsfluß, willkommen in deiner Heimat, in der Haupt- und Residenzstadt München. Endlich haben deine Wogen unsere Stadt berührt, und wir alle freuen uns, des großen Nutzens und Schadens wegen, den wir durch dich bekommen. Du wirst in Zukunft unsere Windmühlen treiben, du gibst uns einen großartigen Aufenthaltsort für unsere armen Fische, wir können in dir baden. Geheimrat Pettenkofer wird dir etwas Gruseliges (nämlich die Fortschwemmung der Fäkalien) anvertrauen. – Liebe Mitbürger, wir können nicht umhin, uns selbst den herzlichsten Dank auszusprechen, denn gerade ich und wir waren es, welche uns am meisten ins Zeug gelegt hatten zur Errichtung einer Isar in der Stadt München. – Aber noch wer ist uns beigestanden bei unserer harten Arbeit; nämlich der da oben (*deutet vom Frauenturm noch höher hinauf*), er hatte uns das nasse Element, allerdings in etwas knapper

Anzahl, zur Verfügung gestellt; alles in allem, ich ersuche, sämtliche Anwesende möchten sich von ihren Sitzen erheben und möchten mit mir in den Ruf einstimmen: ›Die schöne grüne Isar, sie lebe hoch!‹ (*Böller*) ›Hoch!‹ (*Böller*) ›Hoch!‹«

Aber Gott läßt seiner nicht spotten, nach dem letzten »Hoch« stieg der Pegel auf ein – zwei – drei – vier – fünf und gar sechs Meter, die gutmütige Isar schäumte gelb vor Wut, die haushohen Wellen waren mindestens ein bis zwei Meter hoch, die am Ufer stehenden Menschen flohen in die Stadt – ins Hofbräuhaus, welches bald überfüllt war, der Rest zog traurig von dannen – in die Kirche.

Mittlerweile wimmerte auf den Kirchtürmen der Stadt die Sturmglocke und verkündete Unheil – die Hunde heulten, der Wind ebenfalls, die furchtsamen Weiber auch ebenfalls, die Kinder gingen nicht in die Schule, der Bäcker backte, die Kinos wurden geschlossen, und die Schweine grunzten, aber das Hochwasser stieg trotzdem immer tiefer. Eine allgemeine Angst überfiel jeden, die Stadtväter traten mit gerunzelter Stirn zusammen, um Sicherheitsmaßregeln auszudenken, aber bei ihnen war alles Denken umsonst. Man beschloß, hundert Silbertaler demjenigen als Belohnung zu geben, der das Hochwasser zum Sinken brächte. Verschiedene Vorschläge von Mitbürgern sind gemacht worden:

1. Sofortige Tiefergrabung des Flußbettes.
2. Der Vorschlag, eine Arche Noah zu bauen, wurde des alten Systems wegen verworfen.
3. Ein Bittgang zum hl. Nepomuk war zu spät, da das Hochwasser bereits zu groß geworden war.
4. Ein Spaßvogel meinte, das Überwasser abzuschöpfen, aber wohin? Aber dem einen Vorschlag: abzuwarten, bis das Hochwasser selbst aufhört, wurde allgemein zugestimmt, da das auch kostenlos wäre.

Und einige Tage später war aus dem Hochwasser ein Niederwasser und wurde noch öfters Hochwasser, und 1899 wurde es gleich so hoch, trat wieder aus den Ufern heraus, riß alle modernen Eisenbetonbauten um, die unmodernen alten Holzbrücken blieben stehen. Da wurde es den technischen Wasserbaumenschen einmal zu dumm, und sie sprachen: »Schluß mit den Überschwemmungen!«

Sie bauten Kaimauern in München, und zwar so hoch, daß die Isar niemals mehr über die Ufer fließen kann, und die Geschichte war für immer erledigt.

Und die Herren Ingenieure und Architekten machten sich lustig über Schillers Worte: »Denn die Elemente hassen das Gebild von Menschenhand!«, und auch mit Recht, denn sie allein wissen es ja bestimmt, wie hoch die Isar in Zukunft werden kann!

Zwangsvorstellungen

Woher diese leeren Theater? Nur durch das Ausbleiben des Publikums. Schuld daran – nur der Staat. Warum wird kein Theaterzwang eingeführt? Wenn jeder Mensch in das Theater gehen muß, wird die Sache gleich anders. Warum ist der Schulzwang eingeführt? Kein Schüler würde die Schule besuchen, wenn er nicht müßte. Beim Theater, wenn es auch nicht leicht ist, würde sich das unschwer ebenfalls doch vielleicht einführen lassen. Der gute Wille und die Pflicht bringen alles zustande. Ist das Theater nicht auch Schule, Fragezeichen!

Schon bei den Kindern könnte man beginnen mit dem Theaterzwang. Das Repertoire eines Kindertheaters wäre sicherlich nur auf Märchen aufgebaut wie »Hänsel und Gretel«, »Der Wolf und die sieben Schneewittchen«.

In der Großstadt sind hundert Schulen, jede Schule hat tausend Kinder pro Tag, das sind hunderttausend Kinder. Diese hunderttausend Kinder jeden Tag vormittags in die Schule, jeden Nachmittag ins Theater – Eintritt pro Kinderperson fünfzig

Pfennig, natürlich auf Staatskosten, das sind hundert Theater je tausend Sitzplätze. Also per Theater 500 RM – sind 50 000 RM bei hundert Theatern.

Wieviel Schauspielern wäre hier Arbeitsgelegenheit geboten! Der Theaterzwang, bezirksweise eingeführt, würde das ganze Wirtschaftsleben neu beleben. Es ist absolut nicht einerlei, wenn ich sage: Soll ich heute ins Theater gehen, oder wenn es heißt: Ich muß heute ins Theater gehen. Durch diese Theaterpflicht läßt der betreffende Staatsbürger freiwillig alle anderen stupiden Abendunterhaltungen fahren, wie Kegelschieben, Tarocken, Biertischpolitik, Rendezvous, ferner die zeitraubenden blöden Gesellschaftsspiele: »Fürchtet ihr den schwarzen Mann«, »Schneider, leih mir deine Frau« usw.

Der Staatsbürger weiß, daß er ins Theater muß – er braucht sich kein Stück mehr herauszusuchen, er hat keinen Zweifel darüber, soll ich mir heute »Tristan und Isolde« anschauen – nein, er muß sich's anschauen – denn es ist seine Pflicht.

Er ist gezwungen, dreihundertfünfundsechzigmal im Jahr ins Theater zu gehen, ob es ihm nun vor dem Theater graust oder nicht. Einem Schüler graust es auch, in die Schule zu gehen, aber er geht gern hinein, weil er muß. – Zwang! – Nur durch Zwang ist heute unser Theaterpublikum zum Theaterbesuch zu zwingen. Mit guten Worten haben wir jetzt Jahrzehnte hindurch wenig Erfolg gehabt. Die verlockendsten Anpreisungen wie geheizter Zuschauerraum oder während der Pause Rauchen im Freien gestattet oder Studenten und Militär vom General abwärts halbe Preise; alle diese Begünstigungen haben die Theater nicht füllen können. – Die Reklame, die bei einem großen Theater jährlich Hunderte von Mark verschlingt, fällt bei dem Theaterzwang gänzlich weg. Ebenfalls auch die Preise der Plätze; denn die Plätze werden nicht mehr nach Standesunterschieden, sondern nach den Schwächen und Gebrechen der Theaterbesucher eingeteilt:

1.–5. Parkettreihe: Die Schwerhörigen und Kurzsichtigen.

6.–10. Parkettreihe: Die Hypochonder und Neurastheniker.

10.–15. Parkettreihe: Die Haut- und Gemütskranken.

Sämtliche Rang- und Galerieplätze stehen den Asthmatikern und Gichtleidenden zur Verfügung.

Auf eine Stadt wie Berlin kämen also – ausgenommen die Säuglinge und Kinder unter acht Jahren, Bettlägerige und Greise – täglich rund zwei Millionen Theaterbesuchspflichtige, eine Zahl, die die jetzige Theaterbesucherzahl der Freiwilligen weit überschreitet.

Man hat mit der freiwilligen Feuerwehr ebenfalls bittere Erfahrungen gemacht – und nach langer Zeit nun eingesehen, daß es heute ohne Pflichtfeuerwehr nicht geht.

Warum geht es also bei der Feuerwehr und nicht beim Theater? Gerade Feuerwehr und Theater sind heute so innig verbunden – ich habe in meiner langjährigen Bühnenpraxis hinter den Kulissen noch nie ein Theaterstück ohne Feuerwehrmann gesehen.

Sollte die vorgeschlagene »Allgemeine Theaterbesuchspflicht«, genannt »ATBPF«, zur Einführung kommen und, wie oben erwähnt, täglich zwei Millionen Menschen in das Theater zwingen, so müssen in einer Stadt wie Berlin zwanzig Theater mit je hunderttausend Plätzen zur Verfügung stehen. Oder vierzig Theater mit je fünfzigtausend Plätzen – oder hundertsechzig Theater mit je zwölftausendfünfhundert Plätzen – oder dreihundertzwanzig Theater mit je sechstausendzweihundertfünfzig Plätzen – oder sechshundertvierzig Theater mit je dreitausendeinhundertfünfundzwanzig Plätzen – oder zwei Millionen Theater mit je einem Platz. Was aber dann für eine famose Stimmung in einem vollbesetzten Hause mit, sagen wir, fünfzigtausend Besuchern herrscht, weiß nur jeder Darsteller selbst. Nur durch solche eminenten Machtmittel kann man den leeren Häusern auf die Füße helfen, nicht durch Freikarten – nein – nur durch Zwang – und zwingen kann den Staatsbürger nur der Staat.

Die Schlacht bei Ringelberg

Im Zeichen des Krieges stand ein Flammenschwert, gebildet aus schneeweißen Wolken, am Abendhimmel. Gegen sechs Uhr am Morgen rückte ein Kriegsheer, bestehend aus vier Mann und siebenhundert Pferden, bis an die Zähne bewaffnet gegen Ringelberg vor.

Und es sei denn, daß es so kam. Da befahl König Pharao seinem Chauffeuer: »Gehe hin und streue Rotzglocken unter das Volk.« – Und er tat es. Kriegsgeheul und Krankheiten verpesteten die Luft – die Glocken läuteten und verkündeten die nahe Mittagsstunde, und das Unheil war nicht mehr aufzuhalten. War es die Wachsamkeit, oder die Liebe zum Vaterlande, oder war es nur stolze Eitelkeit, die Ringelberger sahen die Zeit gekommen, denn sie sprachen gemeinsam: »Entweder – Oder.«

Die andern behaupteten: Frankfurt an der Oder. – Kurzum, in drei darauffolgenden Nächten stiftete man überall Brand, Ringelberg war nicht mehr die verhaßte Fremdenstadt, sondern ein Flammenmeer – Frauen und Fräulein, Schwestern, Mädchen und Eltern flüchteten ins Unendliche und brachten den Hilfesuchenden Bier und Zigaretten. –

Kanonen, Sportwagen, Fallschirme und dergleichen Kriegsgeräte rasselten Tag und Nacht durch die Straßen Ringelbergs, und ehe man sich umsah, war die Stadtmauer umstellt. Aber leider waren die Stadttore mit einem Fixierschloß versperrt und guter Rat war nicht billig. –

Die Wut des bösen Feindes wuchs ins Aschlochgraue, und zugleich stand durch die Belagerung ein zweiter böser Feind vor Ringelberg – das Hungergespenst. Ganz Ringelberg sollte nun spätestens in einigen Stunden ausgehungert werden, samt Hab und Gut – die Ringelberger trotzten aber dem Hunger, waren froh und heiter und aßen und tranken mehr als zuvor.

Der Feind hatte hier wieder einmal die Rechnung ohne den

Wirt gemacht – – –. Die Stadt war verraten – ein fünfundsechzigjähriger Bursche namens Hopfenzupfer, von Beruf Huber, hatte sich nächtlicherweile in einem Grammophontrichter versteckt, somit das ganze Gespräch des Feindes belauscht und demselben wieder alles verheimlicht und erzählt.

Als am andern Morgen der warme Westwind föhnartig über die Dächer der alten Residenzstadt wehte, verkündete ein Husarenbläser die Übergabe der Stadt, und zwar in schwäbischem Dialekt. Stolz und voll Ingrimm liefen die Bürger wirr durcheinander und am Vormittag des 15. Maies veranstaltete man zugunsten des Überfalles eine polizeiliche Razzia, bei der nicht weniger als eineinhalb Gefangene (Vater und Sohn) in unsere Hände fielen –. Der Jubel wollte keinen Anfang nehmen als zehn Volksschulklassen (zusammen 50 Kinder) aus voller Kehle sangen: »Nun sei gedankt, mein lieber Schwan.« – – – Als dieses Lied verklungen war, kam wieder Leben in die Bude, vielmehr in die Stadt. Vielhundert Jahre später hatte die lange Zeit die Kriegswunden zugeheilt, und kein Mensch in ganz Ringelberg spricht heute mehr von diesen Tagen jener Zeit. – – –

Auf dem Marienplatz

Die neue Verkehrsordnung

Der große Dichter Josef Ding (i. J. 1520) sagte einmal: »– Es geschieht nichts Neues unter der Sonne!« – Dieser Mann hatte nicht recht oder vielmehr, er hatte nicht Gelegenheit, heute über den Marienplatz in München zu gehen. Der Marienplatz vor hundert Jahren (siehe Maillingersammlung) – der Marienplatz von heute (siehe Marienplatz). –

Schutzleute zu Podium (früher zu Pferd) und Schutzleute zu Fuß tuen ihre Pflicht. Der Marienplatz ist voll von Menschen – Kindern – Automobilen – Radfahrern – Hunden – Tauben –

Glockenspiel – Straßenbahnen – Pflaster – Inseln – Wasserpfützen – Bogenlampen – Zigarrenstumpeln – verfallenen Straßenbahnbilletten – Kontaktdrähten – Benzingestank usw. – Das sind die gegenwärtigen Requisiten des Marienplatzes. Was treiben diese Requisiten? – Die Schutzleute dirigieren – die Menschen folgen nicht – die Gaffer gaffen – staunen, betrachten, grinsen, spotten, sind noch biedermeierisch veranlagt, wollen sich nicht an den Großstadtbetrieb gewöhnen. – Die Automobile hupen – die Radfahrer warten – die Hunde stören – die Tauben fliegen – das Glockenspiel klingt hell und »rein« – die Straßenbahnen kommen daher und fahren dahin – das Pflaster wird betreten, die Inseln ebenfalls – die Wasserpfützen auch ebenfalls – die Bogenlampen brennen (nachts) – die Zigarrenstumpel liegen – die weggeworfenen Straßenbahnfahrscheine flattern – die Kontaktdrähte schwingen wie Spinnennetze – der Benzingestank ist tagtäglich – und somit der ganze Zustand unerträglich. –

Die Verkehrspolizei will nur das Beste. – Aber wir Städter sind immer noch Dörfler. – Macht es der Schutzmann so – gehn wir so. – Macht es der Schutzmann aber so – gehen wir gewiß so. – Es soll klappen, aber es klappt nicht. Vielleicht in zehn Jahren, dann ist es aber zu spät, bis dahin fliegen wir alle. – Für die ganze Verkehrsordnung hätte ich eine neue Idee. Und jeder Irrsinnige wird mir voll und ganz beistimmen.

Mein Prinzip wäre folgendes: Am Montag dürfen in ganz München nur Radfahrer fahren, am Dienstag nur Automobile, am Mittwoch nur Droschken, am Donnerstag nur Lastautos, am Freitag nur Straßenbahnen, am Samstag nur Bierfuhrwerke. Die Sonn- und Feiertage sind nur für Fußgänger. Auf diese Weise könnte nie mehr ein Mensch überfahren werden.

Ein zweiter Vorschlag wäre auch dieser: Von 6 bis 7 Uhr morgens sind die Straßen Münchens nur für Radfahrer, von 7 bis 8 Uhr für Automobile, von 8 bis 9 Uhr für Droschken, von 9 bis 10 Uhr für Lastautos, von 10 bis 11 Uhr für elektrische Straßenbahnen, von 11 bis 11 ¼ Uhr für das Glockenspiel, von 11 ¼ bis 12 Uhr für Bierfuhrwerke bestimmt.

Vereinsrede

In großem Raum gesprochen. Die Volksmenge bricht beim Erscheinen des Volksredners in Bravorufe und Händeklatschen aus.

Meine lieben Gäste und Gästinnen!

Wenn ich heute das Wort ergreife, so halte ich es für meine Pflicht, einer Sache näherzutreten, die Ihnen und uns für alle Zukunft ein Problem von schwerwiegender Bedeutung zu bleiben scheint. Gewiß haben wir nicht die volle Gewißheit, was in Anbetracht einer Zerklauberei der ewig unmöglich erscheinenden Begleiterscheinungen in sich vereinigt, denn gerade hier bieten sich einschneidende Bedingungen, die von vornherein ein für allemal ausgemerzt werden müssen. Die Vergangenheit hat uns gezeigt, daß gerade in diesem Punkte gesündigt wurde, schon aus dem Grunde, weil ein Zusammenkommen jener wichtigen Erscheinungen stets verschwiegen wurde. Wir haben uns mehr denn je über diese Kleinigkeiten immuniert und haben in Sachen herumgewühlt, statt zu sagen: »Freunde, geht ans Werk«, »Greift zu, und Ihr werdet es nicht bereuen.«

Glauben Sie nicht, meine Herren, o bewahre, schauen Sie sich selbst ins Gesicht, und Sie sehen Ihre eigenen Masken – herunter damit! Nein, fühlen Sie sich nicht dazu genötigt, denken Sie an das Problem der Atomzertrümmerung, denken Sie an die Worte des Sokrates: »Femina, feminina monstrum vivat concenbinatum – o eleonoris causa veni veni vizi.« Meine Herren, Schatten der Gegenwart möchte ich verpflanzen wie Minderwertigkeiten, welche nur zu deutlich aufgerollt werden, wenn uns die Zeit nicht selbst den Stempel des Daseins auf die Stirne drückt. Aber wenn wir der Einsicht nähertreten, so werden die Nebenstehenden die Schäden und Nutzen am eigenen Leibe verspüren, denn zu heiß wurde noch keine Suppe gegessen, und wenn, dann verbrennen sich die den Schnabel, die sich mit den bittersten Enttäuschungen selbst am Ufer der Vernunft ins Lächerliche gezogen haben. Es ist nicht gleichgültig, ob ich sage: »Ich bin« oder: »Ich werde«, nein, meine Herren, Zufälligkeiten und Abdrosselungen eigener Anschauungen haben sich noch nie zu einer Konservierung von Gedanken verbinden lassen. Wehe dem, der sich selbst, wehe dem, dem derjenige nur das ist, was wir uns von diesem erwartet haben. – Selbst ist die Frau! – Meine Herren! Wenn die Besonnenheit uns von unseren Sorgen, deren wenige ein verblendendes Spiel in uns gesetzt zum Zwecke des Mittels, einen wie bei jedem, wir können nicht das gute Gewissen mit derselben Resignation verknüpfen, der unserem Standpunkt von vornherein gegenüberstand. Wenn wir in lückenloser Vergangenheit eine Parallele ziehen, wenn wir uns vergegenwärtigen, daß nur Trotz und ein Gegenspiel von weittragender Bedeutung ein Resultat fördert und damit nie wiederkehrende Gelegenheitsfinumen erzielt werden können und wir hiermit unser Gewissen nicht unnötig belasten, daß eine Voraussagung eventueller Submissionsschwierigkeiten einen spontanen Verlauf nehmen, oder nehmen müssen, dann ist es besser, wir vermeiden jegliche Inspirationen, die durch Sicherungen seitens kollektiver Kongreßerörterungen ausgerottet werden. Es gab eine Zeit und diese Zeit läßt sich Zeit, denn im Zeitabschnitte dieses Zeitabschnittes wird die Zeit kommen, die wir zeitlebens nicht vergessen werden. Und wenn es am Sonntag wider alles Erwarten wirklich schlechtes Wetter ist, müssen wir unser Stiftungsfest auf den nächsten Sonntag verschieben. (*Bravorufe – Applaus.*)

Ich mische mich in die Nichteinmischung mitten hinein!

Unausgesetzt treibt der am Horizont des Weltalls sich zeigende Gedanke der ganzen Menschheit, daß sich ein Problem, welches dazu geeignet ist, Formen anzunehmen, die einen Konflikt, sei es über die Kolonien-Frage oder der Wille, der sich seinen kommenden Geschlechtern des Fernen Ostens nähert. Immer und immer wieder haben wir die gleichen Erscheinungen. Was vor Tausenden von Jahren, sei es nun die Zeit einer Emanzipation der alten Griechen, oder ergründen wir die Vorzeit amerikanischen Strebens, so spricht die Zeit ein deutliches Wort, ohne daß an das Merkwürdigste im Zeitenraum der Phantasie den geringsten Zweifel aufkommen läßt. Ob ein Zustandekommen oben erwähnter Weltanschauungen von so schwerwiegender Bedeutung ist, um Vorteile, wie sie die Inder damals gezeigt haben, muß bezweifelt werden. So tragen wir es geduldig, solange ein Volk aus Ost oder West, Süd oder Nord Repontionen erhält, spielt dabei keine nennenswerte Rolle, nur der Wille einer Nation kann nach Lage der Vernunft ersetzt werden, so wird sich die Meinung der ganzen Welt zerschlagen, wenn die Einigkeit Spuren hinterläßt, die nur dazu die Nerven des Volkes beunruhigen. Wenn Lumiotto, der einzige Mann, der schon vor Beginn seine Worte zusammenfaßte und sich in Äußerungen verstieg, einen Regierungsabschnitt verhüllt, dann treten wir der Sache näher, aber wir werden niemals daran zweifeln, da demgegenüber keine Absicht bestanden hat, neutral zu bleiben. Schauen wir zurück, die Vergangenheit ist unser wahrhaftigster Zeuge, wenn die Zügel der Vernunft sich lockern, wenn der Sinn für alles verlorengeht, so sollen sich diejenigen, die schuldbeladen, selbst prüfen, denn ein einiges Volk, denken Sie dabei an das Land der Versionen, an das Land der Kulturismuses. Ja, leere Redensarten, Phrasen etc. damit, womit sich viele ereifern könnten, in Verbindung mit den einfachsten Mitteln Wege zu bilden, die solche Banalitäten ein für allemal aus der Welt schaffen. Es ist an der Zeit, sich in den Nichteinmischungspakt hineinzumischen, um die Nichteinmischung zu dumidizieren.

Historisches

Morgen mittag, ¾12 Uhr, sind es zweihundert Jahre, daß der fromme Schweppermann von der Neuhauser Straße zusammen mit seinem Freund Columbus den Malzkaffee entdeckte. Lange vorher schon, als König Herodes in einer Wirtschaft dem Grafen Zeppelin zeigte, wie man ein Ei auf die Spitze stellt, kam der Stein ins Rollen, den der Riese Goliath dem David an den Kopf warf. Einige Wochen später sah sich König Barbarossa genötigt, der Hochzeit zwischen der Jungfrau Schneewittchen und dem Bergwerksbesitzer Hern Josef Rübezahl beizuwohnen. Aber das Hochzeitsmahl wurde jäh unterbrochen durch plötzliche Vorbereitungen zum Dreißigjährigen Kriege. Allein schon die Tatsache, daß die feierliche Eröffnung der Zugspitzbahn auf einen Tag vorher verschoben werden mußte, brachte unter die Zuschauer des großen Fußballänderspieles große Bestürzung. Pfarrer Kneipp, der sich damals zu einer Kaltwasserkur nach Wörishofen begab, um dort Heilung zu finden, die er auch fand, arbeitete damals schon an den Plänen des Walchenseeprojektes. Napoleon Bonaparte, der sich mit seinem Schulkameraden Negus von Abessinien während einer Verdunkelungsübung den Boxkampf des Weltmeisters Nurmi anhörte, ließ sich von Professor Piccard mit den neu erfundenen Todesstrahlen impfen und hatte es faustdick hinter den Ohren. Dem Edison sein Sohn, der bei einem Kameradschaftsabend im Beisein von Andreas Hofer im Restaurant zum Fünfwaldstättersee einen Vortrag hielt über den letzten Stratosphärenflug des Motorradfahrers Max Schmeling, wurde vom Prälat des oberbayerischen Hopfenzupfer-Syndikats der Nobelpreis für Fingernägelbeißen verliehen. Wenn man nun eine Parallele zieht zwischen den Befreiungskriegen und dem Fortschritt der Farbenfotografie, so verknüpft sich in einem selbst der Gedanke an Maria Stuart, als sie auf der Ruine von Karthago stehend ausrufte: »Ist denn kein Stuhl da für meine Hulda?« Mit Wehmut denkt heute jeder noch zurück, als Schillers Glocken den Frieden von 1940 einläuteten! Hans Albers gab zehn Minuten hierauf die Anregung, der Münchner Schäfflertanz soll nicht wie üblich im Grunewald, sondern am Äquator abgehalten werden. Doch Kurfürst Max Emanuel trat ihm energisch entgegen und stiftete bei der Hochzeit zu Kanaa zehn Portionen Jopa-Eis, was wieder zur Folge hatte, daß unter den Klängen des Tölzer Schützenmarsches das Volksauto seinen Einzug hielt. Da stiftete nun zum Trotz Kaiser Nero zur Einweihung des Wittelsbacher Brunnens zehn Hektoliter Mangfallwasser. Das ärgerte den alten Diogenes so, daß er sein Faß verkaufte und mit dem Lohengrin seinem Schwan auf dem Rhein vor dem Loreleyfelsen vorbeifuhr und zur Loreley hinaufschrie: »Ich weiß nicht, was soll das bedeuten ...« – Genau wie jeder vernünftige Mensch nach diesem Vortrag sich denken wird: »Ich weiß nicht, was soll das bedeuten!«

Eine Frau aus dem Volke

Auf Wiedersehn! – – Jessas ganz dappe bin i scho – auf Wiedersehn sag i – anstatt Gutn Morgn – a – Guten Abend. – Mein Gedächtnis läßt auch schon nichts zu wünschen übrig – die jetzte Ernährung macht sich bemerksam – ja! – Zu wenig Kategorien – Kartoffeln sind ja ernährend, aber – allzuviel ist ungesund – heißt ein altes Sprichwort. – – Was ich sagen wollte – gestern war ich beim Arzt, wegen meine Fieß – nicht soviel stehen hat der Herr Arzt gesagt – dös kann der leicht sagen, heutzutage, wo eine Hausfrau sich in jedem Geschäft stundenlang anstehn muß – mehr liegen hat er gesagt – Schmarrn! I kann mi doch net vorn Bäckerladen aufs dreckige Trottoir hinlegen, bis i dro kimm! – Magenverstimmung hab ich auch, hat der Doktor gesagt – Kunststück – bei der Hungerleiderei, da kann der gsündeste Magen keine gute Stimmung habn – Fleischspeisen soll ich so gut wie's geht vermeiden – so, so, – so gut als geht – ja ja, das geht sicher, Herr Doktor, hab ich gsagt – und keinen Zucker – o, das ist bitter – und ich hab in Kaffee immer glei 3 bis 4 Stückel neigetan, – allerdings *vor* 1914! – – – Recht schöne Grüße soll ich Ihnen ausrichten von meiner Tochter Frieda – mei is die jetzt mager worn, direkt beängstigend – mager is die – heuer im Sommer hats unser Onkel Franz im Englischen Garten am Monopopterus – a Monopterus – drobn fotografiert – wie er uns dann die Bilder bracht hat, war mei Frieda gar nicht drauf – so mager is die –. Und mei Mann erst, der hat während dem Krieg 60 Mark verloren – Mark sag ich – i Rindvieh, Pfund wollt ich sagen, aus Spaß hab ich dann zu mein Mann gsagt – er soll in der neuen Zeitung eine Annonce aufgebn – »60 Pfund wurden verloren – abzugeben gegen gute Belohnung« usw. – Dann war er eingschnappt – da brauchst doch net eingschnappt sei, sei froh, daß d'n verlorn hast, wennst heut den Trumm Schmerbauch noch häst, tat'n d' Leut höchstens sagn, dös is sicher a oana vo de andern, dem wos 12 Jahr lang gut ganga is! – Ja, ja, – aber Schwamm drüber – ja, koan Schwamm gibts ja nimmer, d'Schwämm san ja vom Ausland kumma, die san auf dem Meeresgrund gwachsn – weils bei uns im Kleinhessloher See nicht gedeihn – höchstens in die Wälder Schwammerl – und die fress'n ma, die tun mir nirgends drüber –. Ja, so is die Geschichte, von der Tante und von der Nichte – ja denkens Ihnen nur – mei Sohn, der Ignatz – wir haben halt immer Nazi dazu gsagt – jetzt sagn wir wieder

Ignatz – zwegn de Leit – ja der Ignatz – gestern kam er ganz traurig und derdepft von seinem Büro heim, er is Buchbinder – a Buchhalter in der Bibliothekenbank – ja, sag i, was hast denn – kündigt hams ma – um Gottswilln, hab i gsagt – was hast denn angestellt? – Nix, sagt er. – Wegen nix wird oam net gekündigt, hab i gsagt, dann hat er mir leise etwas ins Ohr geflüstert. – Gell, hab ich gsagt, das war vorauszusehn, aber sigst, i hab damals doch recht ghabt, wie ich immer zu dir gsagt hab – als Pimpf hast du keine Zukunft, – jetzt hast es – jetzt kannst mit deiner Fanfaren trompeten, alle Jahr zum Neujahr anblasen gehn, du dappiger Bua – du dappiger. – Nix als Kummer und Sorgen, das ist heute die Devise. – – – Neue Schuh brauchat i a wieder, die wo i anhab, da san auch schon d'Sohln durch – aber nur bei einem, ich glaub daß i mit dem weiter ganga bin, als wia mit dem andern. – Ach ja, hint und vorn stimmts nicht mehr – auf der Welt – haben Sie geglaubt bei mir? Nein, danke, ich bin soweit noch ganz gut beisammen, wenigstens bin ich noch zuversichtlich – ich sag immer – jetzt hammas bald hinter uns, dann gehts wieder aufwärts – bald sind wir über den Berg – drüben – dann gehts wieder – – – bergabwärts – hoffentlich kommt gleich wieder ein anderer Berg, daß es wieder bergaufwärts geht, es ist halt ein fortwährendes Auf und Ab – lateinisch ausgedrückt: Perliko, Perlako! – Wir müssen halt Geduld haben – Geduld bringt Rosen. – Also die Zukunft bringt uns Rosen – aber die machen uns auch nicht fett – das Sprichwort Geduld bringt Rosen klingt sehr dichterisch, aber »Geduld bringt Schweinefettn« wäre uns heute lieber! –

Ja, was ich noch sagen wollte – Gestern Abend haben wir in unserem Küchenkastenschubladn einen alten Fragebogen vom Dritten Reich gefunden – a mir ham glacht – was die damals alles von de Leut wissen wollten, dös war grass – mindestens 60 Fragen mußten beantwortet werden, schreibe und sage, 60 Fragen – die Abstammung des Urgroßvaters, des Großvaters, des Vaters, des Sohnes und des – – – – – – – und die Abstammung der Urgroßmutter, der Großmutter, der Mutter, der Tochter, des Kindes, bald hättens noch wissen wolln, ob der Kanarievogel auch eine reine Abstammung gehabt hat – und dabei warn diese Fragebögen so groß, daß man mit einem Dutzend solcher Bögen ein Zimmer tapezieren hätt können und dazu hat es im Vierjahresplan geheißen – Papier sparen! Papier sparen!! S'Volk hats Papier sparen müssen – alte Straßenbahnbilletten hat das Volk gesammelt zu hinterlistigen Zwecken – – ach ja –, das war eine schreckliche Zeit – aber – – überlebt hammas –, und – – – das ist die Hauptsache. Und jetzt haben wir halt die Nachwehen des Krieges – Hunger – Not und Elend (*Seufzer*) ja! ja, aber a bisserl haben wirs schon verdient – a kleins bisserl, wie waren wir unzufrieden, in der guten alten Zeit. – Haben wir einmal auf unsern schönen alten Petersturm naufgschaut und haben das schöne goldene Kreuz bewundert? Auf d'Uhr haben wir höchstens gschaut, wenn ma aufn Marienplatz gstanden sind, und geärgert und gschimpft haben wir, wenns vor- oder nachganga is – jetzt – weil er hin is, der schöne alte Peter, jetzt schaugn alle nauf – wos Kreuz – – – – gwesn is –. Was is in dem Hofbräuhaus gemasselt worn – über des gute Bier, d'Komiker haben gsunga: Die Münchner Bräuer, die brauen mit Dampfkraft ihr Bier – die Kraft behaltns selber – und den Dampf, den kriegen wir –. Jetzt wären wir froh, wenn ma so an 12prozentigen Dampf hätten. – Einen Damenhut wenn man sich gekauft hat, hat die Modistin ein paar Dutzend Hüte in allen Fassonen daher zarrt – koana hat unserem Geschmack entsprochen – heut wickeln sich die Weiber a altes Halstücherl um das Haupt – und der türkische Turban is fertig. – Im Konditorei-Kaffee san mir Weiber alle Nachmittag drinn gsessn und haben Kremschnitten, Prinzregenten- und Giraffentorten verschlungen – heut, wenn ma a übrigs halbes Pfund graues Mehl dahoam hat, wird ohne Butterschmalz, Eier und Zucker ein Kuchen gebacken und wennst nacha einibeißt, dann woaßt net, hast in an alten Ledergeldbeutel oder in an alten Fußabstreifer einibissn, so geschmackvoll – – schmeckt er. Mitn Trambahnfahren is genau so – unsere schönen weißblauen Straßenbahnwägen waren doch die reinsten Straßen-Luxuszüge mit allen Bequemlichkeiten ausgestattet. – Gschimpft haben die Münchner, wie Rohrspatzen, wenns nur eine Minute auf die nächste Straßenbahn haben warten müssen, – wenn amal s' Stangerl rausganga is, habens gespöttelt – das ist der Triumph der Technik, habens gsagt – an magistratischen Folterkarrn habens d' Straßenbahn ghoaßn – und heut – heut hängens dutzendweis wie die Weintrauben an die Türen dran und halten fest und treu zusammen. – Ja, ja, wenn man was verloren hat, erkennt man erst den Wert. Und wenns amal wieder so schön wird, wies gwesn is, na masselns genau wieder so – hab ich net recht? Ja, ja so is, und wirds auch bleiben in Ewigkeit – Amen. – Die Leut müssen einmal geläutert werden, die Menschen sind heut so bös – besonders die Nachbarn in unserem Haus, da gehts auch oft zua, sag ich Ihnen, wenns schon in einem Haus net stimmt, wie solls dann auf der ganzen Welt stimmen. – Mir sind zehn Parteien – es genügte ja schon »eine Partei«, aber gleich zehn Stück Parteien – das ist zuviel. Aber Ich kenne keine Parteien mehr – so hat einmal der Herr Deutsche Kaiser gsagt – a solches Gschwerl wie in unserem Haus wohnt, das ist geradezu rigoros! – Neben unserer Hausmeisterin in Parterr wohnt seit cirka 20 Jahren ein Berliner, ein Preuße – der gibt an in unserem Haus, da Hausherr, selbst ein Münchner, hat ja wenig zu sagen – dös is ja a guata Lapp. Vor a paar Tag hat der Herr Schulze mit der Frau Hausmeisterin einen Streit gehabt, weil er heute noch vier halbzerrissene Luftschutzsandtüten neben seiner Haustüre stehn hat – die lassen Sie mal jefälligst an dem Platze, det bestimme ick, wenn die weggeräumt werden, ihr bayrischen Seppl glaubt wohl, wir Preußen sind dusslig. – So, dös hat der ausgerechnet zu unserer Hausmeisterin gsagt – einer echten Münchnerin. Unsere Hausmeisterin ist ja ein Mistviech, aber – eine Seele von einem Menschen – was moanas, wie die den Herrn Schulze überfahren hat – wer is a bayrischer Seppl – wer hat denn dich aufgefordert, dass du dich in unserem bayrischen Seppl-Land einnisten sollst. – Wer hat denn uns den weltberühmten preußischen Militarismus serviert? – Jetzt derfn mir ja gottseidank reden, wia uns ums Herz is, jetzt hamma ja Redefreiheit – der uns da hinbracht hat, wo ma jetzt san. – Wer is denn scharenweise nauf auf unsere bayrischen Berg umanandakraxelt, daß mir scho bald selber koan Platz mehr ghabt habn – wer hat sich denn an jedem schönen Fleckerl in die bayrischen Berg a Mordstrumm Villa hinbaut, ös doch – und ös hoaßt uns doof? – Mei, hats die eahm gsagt – der is mitn Horcha gar nimma mitkemma. – Wat denn – wat denn, hat er immer gsagt, nu machen Sie aber jefälligst einen Punkt. – Säh, hats gsagt, da hast an Punkt, und hat eahm a Trumm Watschn gebn – Ja, die hat doch recht ghabt – daß er a Preuß is, kann er nix dafür, aber frech braucht er net sei, noch dazu bei uns als Gast. – Aber dös is ja, wir Bayern sind ja viel zu woach, viel zu weich, wir hätten immer so steinhart sein sollen wie nach den Fliegerangriffen, da waren wir wirklich steinhart – schrieb der Völkische Beobachter. – – – Ja ja so gehts – was sagen Sie zu dem neuen Schulunterricht – neben uns wohnt ein Herr Verwalter und dem sein kleiner Walter, der is auch heuer in die Schul kommen und diesem Herrn Verwalter sein Sohn Walter kommt öfters zu uns rüber, mei Mann mag die Kinder recht gern und der kleine Walter vom Herrn Verwalter ist sehr auffassungsbegabt. Nur mit den römischen Ziffern auf der Uhr kommt er nicht recht mit,`und deshalb hats ihm mein Mann auf seiner Taschenuhr erklärt, – – – siegst, Walter, hat er gsagt, das hier ist der Einser, das hier der Zweier, das hier der Dreier und das der Vierer – – – das ist der »Führer«, uhi – hat der Walter gsagt, des derfens nimmer sagn, da werns von de Amerikaner aufghängt. – – Gellns so vorsichtig muß ma heut sein, – de Kinder schnappen alles auf – ja, die Kindererziehung ist heute von bedeutender Bedeutung – dös hat der Radio schon immer gsagt vor 6 Jahren. Ein fanatisches Problem hat er gsagt, ist heute die Erziehung unserer Jugend, sie ist unser Garant, aus der deutschen Jugend holen wir unsere Soldatten, dös haben doch unsere Kinder alles mitangehört, darum san unsere Buam so narrisch worn und hätten schon mit 6 Jahr zum Militär einrücken wollen. Und die schönen Lieder, wos am Radio gehört haben – Auf, auf zum Kampf, zum Kampf sind wir geboren – und das andere Lied – Und wir fahren gegen Engeland – bum, bum – dawei sind wir gar net nübergfahrn, aber d'Engländer san zu uns rüberkemma. – Und das Lied erst – Haltet aus im Sturmgebraus! Das haben wir gemacht, wir hielten aus – und darum is jetzt aus. – An jeden kloan Buam in Deutschland, der sich heut aus Zeitungspapier einen Soldatenhelm macht, dem gehört der Popo ghaut. – Nieder mit den Spielzeugfabriken, die Bleisoldaten gießen, mich sollns amal reden lassen im Reichstag, da könntens was erleben. – »Meine Herren Abgeordneten!« Jessas, jetzt bin i ganz in d'Politik neikumma. – Ach, die Politik – man hört nix mehr wie Politik, und wieder Politik, zum Hals möchts einem rauswachsen. – – – Red ma von was anderen. – – – – Ich weiß nicht, was ich morgen kochen soll – heut z'Mittag haben wir zweierlei Kraut ghabt, a Weißkraut und a Blaukraut, zammpaßt hats ha nicht recht im Gschmack, aber die Farben – weiß und blau – der alten bayrischen Tradition zuliebe habn wirs mit größtem Appetit verspeist. Wenn wir Bayern, wie das anno 1866 der Fall war – – jessas, jessas, bin ich scho wieder in die Politik neikumma. – – – Jetzt mag i nimma, i geh. – Pfüa Gott miteinander! (*Hebt dabei die rechte Hand zum Hitlergruß, schlägt aber sofort mit der linken Hand auf die rechte hinauf und meint und sagt unterm Weggehen:* Saudumme Angewohnheit!)

Fremdenfahrt in München 1946

... und hier, meine Herrschaften, sehen Sie das Isartor. Das Tor wurde bei einem Fliegerangriff ziemlich beschädigt, die Isar selbst ist noch gut erhalten geblieben; vor dem Isartor, der Isartorplatz. Beide, also das Tor und der Platz, zeigen auch wieder Bombenschäden, nur die Isar kam wieder heil weg. – Bei der Isartor-Apotheke ist die Apotheke und das Tor beschädigt, aber wiederum die Isar selbst verschont geblieben. Hier, meine Damen und Herren, sehen Sie nun die Isar selbst. Ihr konnten die Bomben nichts anhaben und hätten dieselben das Isarwasser, welches durch München fließt, vernichtet, wäre es bedeutungslos gewesen, weil immer neues Isarwasser nachfließt.

Ein weiteres Glück im Unglück, wie Sie hier sehen, ist das von Bomben fast nicht unerheblich getroffene Finanzamt. Die Einwohner Münchens waren bei dieser Katastrophe sich nicht klar, sollten sie über den Verlust weinen oder – wehklagen, da dieses Gebäude der Treffpunkt aller fröhlichen Steuerzahler gewesen ist. – Hier, meine Damen und Herren, stehen wir nun vor dem beschädigten berühmten Münchner Hofbräuhaus. Diese altbewährte Kulturstätte, mit eingemeißeltem Sinnspruch: »Hopfen und Malz! – Gott erhalts!« – ist trotzdem nicht ganz erhalten geblieben. Die durch Brandbomben entstandenen Brandherde wurden durch das Hofbräuhaus-Personal wegen Wassermangels mit Dünnbier gelöscht, welches seines Inhalts wegen genau dieselbe Löschwirkung hatte wie reines Wasser, denn mit Dünnbier kann man den Durst und das Feuer löschen, ohne darin einen Frevel zu erblicken.

Wir sind nun im Englischen Garten. Auch hier ist das Bild einer fast totalen Zerstörung nicht übersehbar. – Sogar im Kleinhesseloher See zeigten sich nach den Angriffen mehrere Bombentrichter, die aber nur einige Sekunden zu sehen waren, und die sich gleich nach dem Einschlag der Bomben von selbst wieder mit Wasser füllten. Menschenleben kamen hier nicht zu Schaden, nur einige kleine Seefische lagen zum Teil schwerverletzt an den Ufern des Sees. Die Akademie der Wissenschaften in der Neuhauserstraße wurde, wie Sie hier sehen, ebenfalls dem Erdboden gleichgemacht. Nur ein Trümmerfeld ist der Rest dieses hochwissenschaftlichen Museums. Münchner selbst kamen hier nicht zu Schaden, weil solche diesem Hause von jeher ferngeblieben sind. Einen weiteren traurigen Einblick macht in München das bis auf die vier Grundmauern zerstörte Nationaltheater. Ohne Dach erinnert es an das Kolosseum in Rom. Ob es jemals wieder aufgebaut wird, ist fraglich. Um der Baumaterialnot zu trotzen, soll die Bedachung nicht mehr erneuert werden, um einer Freilichtbühne Platz zu machen. Im Winter und bei schlechter Witterung können selbstverständlich keine Vorstellungen stattfinden. Leider beklagen auch viele Münchner Ehemänner einen schweren Verlust, denn das Haus in der Senefelderstraße 5 ist nicht mehr – was nun? Bis zur Wiederinstandsetzung dieses Hauses sollen einige Straßen, wie Müllerstraße und Luitpoldblock, wieder dem freien »Verkehr« übergeben werden. –

Hier, meine Herrschaften, sehen Sie einen der ältesten Friedhöfe der Stadt München, den südlichen Friedhof. Einige Grabstätten wurden hier durch die Einwirkung der Bomben freigelegt und die Gebeine aus den alten Gräbern herausgeschleudert. Als die Verstorbenen vor ca. hundert Jahren der Erde übergeben wurden, waren immer des Geistlichen letzte Worte: »Der Herr gebe Euch die ewige Ruhe.« Doch mit den Geschickes Mächten ist kein ew'ger Bund zu flechten. – Raus hams wieder miassn, nix war's mit der ewigen Ruhe – Amen.

Falschheit: Eine komisch pilisophische Betrachtung (1946)

Fast die ganze Menschheit strotzt vor Falschheit. Die meisten Menschen sind falsch. – Viele Menschen sind zur Falschheit gezwungen, man könnte so wie von einer Notlüge, von einer Notfalschheit sprechen. Die angeborene Falschheit aber geht, wenn man das mit der Lupe der Individualpsychologie betrachtet, auf die Kindheit zurück, auf das ungeborene Kind. Die Frau liegt in gesegneten Umständen darnieder und will Mutter werden, die Hebamme wird gerufen. Sie kommt, untersucht und konstatiert eine falsche Lage des Kindes im Mutterleibe: – – Falschheit – – Die Hebamme schlägt vor, einen Arzt, einen Geburtshelfer zu Rate zu ziehen, sie geht ans Telefon, ruft den Arzt an. – Wie? – Altersheim? – Verzeihung, falsche Verbindung – – Falschheit – – Das Kind kommt trotz der falschen Lage zur Welt, den Keim der Falschheit in sich tragend. Vater und Mutter strahlen vor Glück. – Die Verwandten und Bekannten kommen herbei, die üblichen Anstandsformeln werden heruntergeleiert, wie: »Ach ist das ein reizendes Kind – der ganze Papa!« – Kaum sind's bei der Tür draußen, gehts los. »Was sagst du zu dem Kind? Der reinste Aff«: – – Falschheit – –. Aber die Verwandten sind doch in diesem Falle zur Falschheit gezwungen. Was würden die stolzen Eltern zu den Verwandten sagen, wenn die Verwandten zu den Eltern sagen würden »Euer Kind schaut aus wie ein Aff.« – Selbst wenn es so wäre. Also? – – Falschheit ist hier nicht falsch, sondern richtig. Die Wahrheit wird durch die Falschheit verdrängt. Das Kind wird nun automatisch, oder besser gesagt, von selbst größer. Ist es ein Knabe, kommt er mit 7–8 Jahren in die sogenannten Flegeljahre, ist ungezogen, ärgert und quält die Nachbarn. Die Nachbarn sind sich darüber einig, daß es an den Eltern liegt, nämlich falsche Erziehung: – – Falschheit – –. Später kommt der Bub in die Lehre. Die Eltern halten sich an das Sprichwort »Handwerk hat einen goldenen Boden«. Schikken den Jungen in die Lehre zu einem Klaviertransporteur. Das Kind ist zart und schwächlich, kann die schweren Klaviere nicht tragen, die Eltern haben für ihren Sohn einen falschen Beruf gewählt: – – Falschheit. – – Aus dem Buben wurde ein Bursche, dieser kommt in schlechte Gesellschaft, er wurde Falschspieler und später Mitglied einer Falschmünzerbande: – – Falschheit – –. Kam in das Gefängnis hinein, und nach einigen Jahren wieder heraus, dann wurde er Artist, und zwar Falsch. . .irm-Abspringer, sprang das erste Mal falsch ab, brach sich einen Fuß, der Fuß wurde ihm in der Klinik falsch eingerichtet. – Als er wieder gesund war, heiratete er, war aber nicht lange glücklich, denn seine junge Frau tat ihm schön ins Gesicht und hatte nebenbei einen anderen. Also eine falsche Schlange. Die erste falsche Schlange war im Paradies. Diese sprach zu Eva. Ausgerechnet eine Schlange hat gesprochen, eine Schlange kann nur kriechen aber nicht sprechen. Von einem Papagei wär das eher glaubhaft, also gut, wir haben in der Schule gelernt, die Schlange hat zur Eva gesagt: »Esset von dem Baum mitten im Garten« usw. – so soll es damals im Paradies gewesen sein, ob es so war, oder ob es nur ein falsches Gerücht ist, entzieht sich unserer Kenntnis. Fest steht die Tatsache, daß die Charaktereigenschaft »Falschheit« schon auf Urzeiten zurückreicht und sich Gott sei Dank bis in unsere Gegenwart erhalten hat. Die Falschheit ist ein unentbehrliches Hilfsmittel, welches heute für manchen beim Ausfüllen von Fragebögen unentbehrlich erscheint.

Gegenwart (1946)

Sehr geehrte Damen und Herren!

Femina – feminina – monstrum – vivat – konkubinatum, sagt der Lateiner, das heißt auf deutsch: entweder du bleibst draus oder du gehst eina. Aber was hat das alles mit unserer Gegenwart zu tun? Ich sag nur soviel, über kurz oder lang kann das nimmer länger so weitergehen, außerdem es dauert noch länger, dann kann man nur sagen, es braucht halt alles sei Zeit, und Zeit wärs, daß es bald anders wird.

Vor dem Krieg hat's alles gebn, platzen hätt ma können, wenn ma dös alles gfressen hät, was ma bekomma hat. Heit platzt ma vor Wut, weil mer nichts mehr kriagt. Es wirkt heute direkt lächerlich, wenn ein armer Kranker vom Doktor gewarnt wird, Sie dürfen sich nie mit vollem Magen ins Bett legen, oder wenn der Arzt zu einem Nervösen sagt, nur nicht aufregen – so!! So – – nicht aufregen. Ein Beispiel: Sie wissen, die Vereinsmeierei hat sich aufgehört, in normalen Zeiten sind die Mannsbilder alle Woch a paarmal in irgendeiner Wirtschaft im Nebenzimmer zusammen gekommen, und wenn's nur eine kleine gesellige Zusammenkunft war von zehn bis fünfzehn Personen. Das braucht ma heitzutag nicht mehr. Diese geselligen Vereinigungen hat man jetzt alle Tage zu Hause im eigenen Heim, besser gesagt – internationale Vereinigungen. Heut wohnen in einem Haus mehr Leut als wie früher in der ganzen Straße. Früher hat jede Familie seine eigene Küche gehabt, heute ist aus jeder Küche eine Volksküche geworden. Ich kenne eine Familie, da kochen drei Parteien, zusammen neun Personen, an einem Küchenherd. Einen Suppenhafen ham's, alle mitanand, aber diese Leute teilen sich alles richtig ein, und dann geht alles. Traurig wärs, wenn alle neun Personen nur einen Eßlöffel hätten, das wäre unpraktisch. An Küchengeräten ist ganz große Not, aber die Hausfrauen wissen sich zu helfen. Eine Frau in unserm Haus, die hat schon seit drei Jahren keinen Nudelwalker mehr, ja, da wird der Teig auf den Fußboden gelegt und wird einfach breitgetreten. Man bittet vorher, die Schuhe gut abzustreifen. Alles geht, man muß sich nur zu helfen wissen.

Textilwaren nicht zu bekommen, Sacktücher, Taschentücher, ich hab überhaupt keins mehr. Vorige Woch hab ich einen Schnupfen gehabt, kein Taschentuch, keinen Staublumpen, grad glaufen is es den ganzen Tag, aber die Not macht erfinderisch, an Staubsauger hab ich den ganzen Tag an die Nasn hinghebt und wunderbar is es gegangen. – Am andern Tag wollte ich diese Methode auch wieder verwerten, aber Pech, es war Stromsperre. Dann hab ich mich auf einen Stuhl gesetzt und hab mich nach vorne gebeugt, unten hab ich einen Wassereimer hingstellt und auch ist es gegangen. Tropfenweise, wie das Ticken einer Wanduhr, entfielen meinem Stumpfnäschen kristallglitzernde Perlen, im Volksmunde »Nasentröpferln« genannt. – Aber wir dürfen uns noch nicht beklagen, wenn man auch manchmal Hunger hat, wie sagt ein altes Sprichwort: Hunger ist der beste Koch – und dös stimmt auch, wenn man richtig Hunger hat, dann schmeckts einem nochmal so gut – wenn ma was hät. Wir dürfen uns also über einen leeren Magen nicht beklagen – ganz leer ist ein Magen nie, Luft ist immer drin durch das Einatmen, aber Luft nährt nicht, die bläht nur. – Das hat natürlich mit Blödheit nichts zu tun, wenn auch manche sagen, blöd wer i sei und wer hungern, man denke hier an die vielen Hamsterer. Blödsein und Hungern, das kann niemand verlangen. Uns geht's noch nicht so schlecht, denken Sie an die Französische Revolution, für eine Maus bezahlte man 10 fr., für eine Ratte 15 fr., Hund und Katzen bekam man nur in Delikatessengeschäften – weil wir grad von Katzen sprechen, da hab ich erst in einer Zeitung eine Verhandlung gelesen, da is einer immer auf die Katzenjagd gegangen, den hab'ns erwischt, dann hat er als Ausrede am Gericht ausgesagt, er hätt die Katzen nur deshalb mit einer Falle gefangt, weil er das

Katzengeheul in der Nacht nicht hören kann, das sei schlafstörend. Der Richter hat dann gesagt: »So, wegen dem Geheul, Ihre Nachbarn haben aber festgestellt, daß Sie mit Vorliebe gern Katzenfleisch verspeisen.» Des stimmt, sagte der Angeklagte, aber erst nach dem Geheul.

Ja, wenn die Leut nur Katzen essen würden, das ist ja nicht so schlimm. Aber des hab ich auch erst in der Zeitung gelesen, daß trotz Verbot immer wieder viele Frauen statt Sauerkraut Holzwolle kochen. Holzwolle ist aber Mangelware und ein wichtiges Verpackungsmaterial, und die Hausfrauen werden zum letzten Mal auf das Verbot aufmerksam gemacht. Ja, ja! So geht's! Sonst weiß ich eigentlich nichts mehr Neues, was Sie interessieren könnte. Doch – gestern hab ich beim Schuttabräumen zugschaut – sage ich zu einem besseren Herrn, der neben mir gstanden hat, schauen Sie nur grad dorthin, wie der Riesenbagger sein Maul weit aufreißt – det is noch gar nischt, sagte der fremde Herr, da solln Se mal bei uns in Berlin son Bagger sehen!

Noch etwas fällt mir in letzter Zeit auf, daß die Menschen so spöttisch daherreden. Kommt da ein riesiges 10-t-Lastauto daher mit lauter riesigen Papierrollen, sag ich zu einem Mann: »Aha, das gibt wieder ein paar Millionen neue Fragebögen.« O mei, hat der gsagt, a paar Millionen? Höchstens a paar hundert. Jetzt wollt ich Ihnen noch was sagen, aber das ist mir jetzt entfallen, das passiert mir jetzt öfters. Das ist Gedächtnisschwund, heut in der Früh zum Beispiel zünd ich ein Zündholz an, wie es brennt, weiß ich nicht mehr, was ich mit dem brennenden Zündholz tun wollte. Wie es verbrannt war, fällt mir ein, daß ich mir eine Zigarette hätte anzünden wollen, wenn ich eine gehabt hätte. Ja, ja, es ist wirklich traurig, daß es jetzt gar nichts mehr gibt. Aber man muß sich halt immer und immer wieder sagen, alles kommt einmal wieder – aber – wenn alles wieder kommt, kommt auch wieder ein Krieg, denn alle Dinge sind bekanntlich drei. – Gut! Wenn schon noch ein Krieg kommt, dann wenigstens einer ohne Waffen, denn wir haben ja keine Waffen mehr – aber dann ein Krieg zwischen Bayern und Preußen, und der nur »Mund gegen Schnauze« – wer wird da gewinnen? Da braucht man doch net lang raten – Preußen! Und mir doofen Bayrischen Sepperln sind die Besiegten, denn dann besetzt der Preuße ganz Bayern und für uns is dös von großem Vorteil, weil er sich dann alles gleich selber nehmen kann, was wir ihm sonst immer naufschicken haben müssen und wir Bayern stimmen dann alle begeistert das Lied an von Hilda:

»Laßt läuten die Glocken – von fern und nah
Sie sollen frohlocken: Die Preußen sind da.«

Die Geldentwertung

Vortrag, gehalten von Herrn Hepperteppernepp i, der sich in angeheitertem Zustand befand.

(*Handglocke*) Die Worte meines Vorredners, ich möchte es unterlassen, mich zu Worte zu melden, da ich betrunken sei, ist nicht wichtig. – – Ich bin – das – verneine ich nicht – nicht betrunken – sondern – ich gebe zu – etwas – angeheitert. Wer kann bestreiten, daß ein heiterer – vielmehr angeheiterter Mensch – nicht auch ernste Angelegenheiten zu debattieren im Stande sein kann – wieviele Redner waren schon nüchtern und haben einen furchtbaren Papp zusammengepappt – vielmehr gepappelt. Zu meinem heitigen Thema über die Geldaufwertung – oder Ab- oder Entwertung – möchte ich die Erklärung konstatieren, daß es sich um eine finanzielle Angelegenheit handelt. – Es ist ein schmieriges – Verzeihung – ein schwieriges Problem, von fantastischer – ah, fanatischer Bedeitung. Die Aufwertung hat mit einer Stabilität nichts gemein –

gemein wäre das, wenn die Entwertung oder Auswertung einer Aufwertung gleichkäme, dann ist eine Installation unausbleiblich. Eine Auflockerung, vielmehr Auflockerung des Wirtschaftslebens wird nur dann konfisziert, oder besser gesagt kompliziert, wenn das Ausland Kompromißemanzipationen entgegennimmt. Unsere Mark stinkt – ah – sinkt in dem Moment, wenn ... jetzt weiß ich nicht mehr, was ich hätt sagen wollen – – aber es ist so. Was ist heute eine Mark? – Ein Papierfetzen. Außerdem sind es nur zwei Fuchzgerln. Fuchzgerln aus Hartgeld und das ist ein schäbiges Blech, genannt Amilinium. Warum werden heute keine Goldmünzen mehr geprägt? – Sehr einfach, weil wir kein Gold mehr haben. Wir haben keins mehr, weil das ganze Gold zu Goldplomben verarbeitet wurde.

Die Ursache – das Volk hat schlechte Zähne, weil wir vor dem Krieg zu viel Süßigkeiten genossen haben. Alles wollte nur Goldplomben nach dem wahren Sprichwort: Morgenstund hat Gold im Mund. Jetzt ist es zu spät, zu Goldplomben – es ist sogar heute nicht mehr möglich, sich Zementplomben machen zu lassen, weil es auch keinen Zement mehr gibt. Daher wieder Papiergeld. Raus mit den braunen Tausendern, die braune Farbe hat gar nichts zu tun damit, die waren schon braun im 18. Jahrhundert, damals waren wir noch gar nicht verbrannt. – Also, wertet die braunen Tausender wieder auf, man braucht sie nur zu suchen, die sind alle vergraben – raus mit dem Papiergeld – wir brauchen kein Hartgeld – das Geld ist sowieso hart zu verdienen – oder schafft das Geld ganz ab und dann [schafft] ihr zugleich auch die Kriege ab – denn Geld regiert die Welt, das weiß jedes junge Kind. Geld ist ein Kapitel für sich – Kapital ist die Ursache jedes Krieges – also nieder mit dem Kapital! – Es lebe der Krieg – ah – nieder mit dem Krieg! Nieder mit dem Krieg – es lebe das Kapital. Nieder mit dem Finanzamt – es lebe die Geldentwertung. – Nieder mit dem Hartgeld – es lebe das Weichgeld. – Nieder mit den Lebendigen – es leben die Toten. – Nieder mit den Hohen – es leben die Niedrigen. – Nieder mit den Niedrigen – es leben die ganz Niedrigen. – Nieder mit dem Verstand – es lebe der Blödsinn.

Schlechter kann's uns nimmer gehn (1947)

Was sagen Sie zu der jetzigen Lage? – A nette Lage, bald werden wir uns hinlegen, weil wir vor Hunger nimmer stehen können, dann haben wir die richtige Lage, dann braucht nur mehr der Herr Bezirksarzt kommen und den Hungertod amtlich feststellen, dann sind wir friedhofreif. Versuchsweise ham's bei einem Verhungerten Wiederbelebungsversuche angewendet und haben ihm ⅕ Leoniwurst vor d'Nasen hing'halten, aber der Wiederbelebungsversuch war ohne Erfolg, weil derjenige wegen einem Fünftel Leoni gar nimmer in unser jetziges mieses Leben zurückkehren wollte. – Die Totengräber haben keine Schaufeln mehr – die Toten werden bald nurmehr auf den Boden hingelegt und nur noch mit Graswasen zugedeckt. Für hundert Tote gibt's nurmehr ein Blechtaferl mit der Inschrift: Die Erde werde euch leicht. – Guat schaun mer aus. – Die alten Männer sind schon so mager im G'sicht und haben so eingefallene Backen, daß sie beim Rasieren einen Kartoffel ins Maul nehmen müssen, daß es einigermaßen besser geht. Guat schaun mer aus. – O mei, schaug i aus, nurmehr ein Knochengerüst, zeitgemäß eine Boanerruine, auf der Brust gleich ich einer Tafel Wellenblech. Meine Frau hat gestern kommandiert: »Brust heraus!« und auf meinen Rippen hat's dann gelbe Rüben gerieben. – So mager bin i worn, mei G'wand hängt mer dran, wie eine mißglückte Maßarbeit. Sie – wissen Sie, wie man das Geräusch nennt, wenn an Königs oder an Kaisers Geburtstag die langen Fahnen vor den Häusern im Wind hin und her flattern? Ich wiege z. B. nurmehr 98 Pfund, mein Anzug ist mir dreimal zu weit – und wenn der Sturm geht, dann bladert mein G'wand an meinem Gestell umanand und gibt dasselbe Geräusch wie die flatternden Fahnen an Kaisers Geburtstag.

Es ist jetzt eine schreckliche Zeit. Von unserem Luftschutzkeller haben wir gleich nach dem Krieg alle Bänke und Bolzen rausgerissen, daß mer wieder einen Platz kriegen für unsere Kartoffellagerung, jetzt wissen mer net, was mer tun soll'n, krieg'n mer nochmal einen Krieg, müssen mer wieder das Lutschutzinventar bereithalten, oder krieg'n mer vorn Krieg noch Kartoffel. – Nach der Zeitung nach schaut's mit die Kartoffel recht mangelwarenhaft aus. Erst kurz stand eine Annonce drinnen – biete eine Kartoffel, suche dafür eine Staude Salat. Der Hunger übermannt uns, die Frau überfraut er. Was werd'n mir noch alles verspeisen? Haben Sie die letzte Zeit schon beobachtet, was die Hunderln, die Schnauzerln und die Dackerln für einen ängstlichen Blick haben, die haben einen feinen Instinkt, die wissen, was los ist, bei meiner Nachbarin hat's am letzten Sonntag Foxelragout gegeben, mei, der Nachbarin ihr Mann hat's so viel graust, weil die Frau in der Eile das dreckige Hundsbandl auch mitkocht hat. – Ja, für heiklige Menschen is jetzt a schlimme Zeit. Früher hat mer aus der Suppe jede Fliege rausg'fischt, heut überlegt man sich das reiflich. Gemüse gibt's fast nicht mehr. Wir ham uns kürzlich ein Baumrindenkompott gemacht mit Holzwollsalat, obwohl wir es sauber zubereitet haben, war der Geschmack nicht bezaubernd. – Das beste Geschäft macht jetzt der Hypnotiseur Paul Friedrich in Sendling. Der hat einen leeren Saal gemietet, 300 Personen fassend, die kommen alle Mittag und alle werden von ihm hypnotisiert. 10 Minuten lang sagt er zu denen immer: »Ihr habt soeben gut gegessen und seid nun alle satt« – und die Leute gehen tatsächlich gesättigt von dannen – ob's wahr ist, weiß ich nicht, vielleicht ist das wieder ein Gerücht, ein falsches Stammgericht. Das einzige Richtige waren die Friedensjahre vor 1914. Das war das wahre Paradies, und da hat fast jeder g'sagt, so kanns nimmer weitergehn. Nirgends ist mehr ein Geschäft gegangen – alle Läden waren mit Waren aller Art vollgepfropft. – Keine Wohnungsnot – gerade das Gegenteil, fast an jedem Haus waren Zettel an die Fenster gepappt: Wohnung zu vermieten – Wohnung zu vermieten – 4-Zimmer-Wohnung für 25,- monatlich zu vermieten. – Alles war da in Hülle und Fülle, Soldaten waren auch da, Kanonen auch, Pulver auch, eine Schlachtflotte auch – jetzt muß a mal wieder a Kriag komma, hat's allgemein geheißen, damit si was rührt – dann ist der Krieg komma, gleich zwei Stück Kriege, dann hat's sich was grührt, sogar die Häuser haben sich grührt, nicht alle, aber die meisten, es war direkt rührend, soviel hat sich grührt. – Alles was Menschen überhaupt an Katastrophen mitmachen konnten, haben sie mitgemacht: Krieg, Verwüstung, Feuer, Flucht, Überschwemmungen, Hungersnot usw., jetzt braucht nurmehr der Vesuv in Italien richtig 's Spein anfangen, daß die glühende Lava schö stad ganz Deutschland zuadeckt, dann san mer für alle Ewigkeit eingedeckt. Und unsere letzte Bitte sei uns dann gewährt, die da heißt:

Herr, gib uns die ewige Ruhe! (*Vier Takte Orgel*) Amen!

Couplets

Kriegsmoritat ... (von 1914)

1. Wie Sie alle wissen, liebes Publikum,
geht es in der Welt jetzt ganz gewaltig um;
übergroße Feinde zwangen uns zum Krieg
und für diese Frechheit kriegen sie jetzt Hieb.
Ja, wer nichts wagt, gewinnt nichts, dacht sich der Vater Zar,
doch der Herr Poncarre meinte – wart man noch a paar Jahr,
aber an Deutschlands Steuer, da stand ein kühner Mann,
der sprach mit ernster Miene – na komm'se nur mal ran.

2. Hier auf diesem Bilde, das ist ganz enorm,
sehn Sie den Franzosen in Felduniform,
das ist nicht ganz richtig, nimmt mans gnau aufs Korn,
es soll richtig heißen – fehlt die Uniform;
denn mit so feinen Stiefeln, halb zrissen, halb aus Lack,
rote geflickte Hosen und einen blauen Frack,
so zieht man nicht zum Kampfe, das ist ja ein Skandal,
so geht man höchstens im Fasching auf einen Maskenball.

3. Das hier ist ein Belgier, weint in einem fort,
er sagt, meine Forte sind fast alle fort,
er betont, die Forte waren aus Beton,
aber deutsche Mörser kennen kein Pardon;
ja, so ne feste Festung, die ist nicht gar so fest,
daß sie von deutschen Mörsern sich nicht umschmeißen
läßt,
ja du gescheiter Belgier, jetzt erst begreifst du es doch
zweiundvierzig Zentimeter, das gibt ein Riesenloch.

4. Hier sehn Sie viel Russen an der weißen Wand,
sind mit diesen Russen Namens nach verwandt;
erstere vertreibt man nur mit Zacherlin,
zu den Namensvettern geht man selber hin,

ja diese flinken Russen, die laufen riesig schnell,
aber nur immer rückwärts, das ist sehr originell,
ich glaub mich nicht zu täuschen, aber 's ist schließlich wahr,
für diese Russen wäre dies Wappen wunderbar.

5. Spricht der Engeländer, mir wär alles wurscht,
nur die eine Wurst hier ist mir nicht ganz wurst,
die macht mir viel Kummer tags sowie bei Nacht,
ich kann nicht mehr schlafen, seit ich ihr gedacht,
ich hab so viele Schifflein, doch trau ich mich nicht raus,
denn diese deutsche Flotte, die schaut gefährlich aus;
und bleib ich hier im Hafen, dann kommt der Zeppelin
und streut mir auf meine Schifflein keine Rosen hin.

6. Über eines warn wir Deutsche wirklich baff,
wer hätt das geahnet von dem gelben Aff,
ging in unsre Schule, wurd bei uns gescheit,
jetzt beweist er deutlich seine Dankbarkeit;
dafür sind wir gewitzigt jetzt nun für lange Zeit,
uns soll noch einer kommen, dem sagen wir Bescheid,
erst warn sie sehr anhänglich, s' war herzlich anzusehn,
jetzt zeigt er aber uns Deutschen dafür seine Zähn.

7. Sehn Sie sich den Galgen hier genauer an,
s' wird nicht lange dauern, baumeln manche dran,
der Franzos, der Russe und der Englischmann,
Montenegrer, Serbier und auch der Japan,
ihr schlechtes Mordgesindel, das hätt ihr nicht gedacht,
diesmal habt ihr die Rechnung ohne den Wirt gemacht;
wird sie euch präsentieret, da wird euch angst und bang,
da werden eure Gesichter noch einmal so lang.

8. Zwischenspiel – Trompetensignal – . . .
Nun zum Schlusse wähl ich eine wohlbekannte Melodei,
die den Helden unsrer Länder voll und ganz gewidmet sei –
und dem greisen Bundesbruder, der sich treu zu uns gesellt:
Deutschland, Deutschland über alles, über alles in der Welt.
(8. Oktober 1914)

Prolog zur Kriegszeit 1916

Grüß Gott ihr Leut von der Münchnerstadt,
ich komm heut zum Gratuliern,
doch find ich das Wort schon net recht am Platz,
denn besser wär bald – konduliern;
denn unsere Söhne, die sahen im Feld die feindlichen Fahnen wehn,
sie sangen voll Mut – in der Heimat, da gibt es ein baldiges Wiedersehen;
doch viele, die kommen halt nimmer mehr, die die feindlichen Kugeln trafen,
sie sehen nicht mehr unsre Münchnerstadt, weil sie draußen für ewig schlafen.
Vergessen werden wir jene nie, sie haben für uns gelitten,
sie haben als tapfre Soldaten gekämpft, und für ihren Kaiser gestritten.
Doch wär es bald Zeit – er ginge zu End, der blutigste von allen Kriegen,
Gott möge uns helfen, so gut er nur kann, zum ewigen, ewigen Frieden.
Das blutige Schlachten, es dauert schon lang, von Blut tut die Erde sich röten
und Gott sprach zum Menschen im 5. Gebot, da sprach er: Du sollst nicht töten.

Doch der Feinde zu viele erhoben das Schwert, um das deutsche Reich zu bezwingen,
da standen wir Deutsche auch waffenbereit, um das schneidende Schwert zu schwingen.
Durch Kampf zum Sieg – vom Sieg zum Kampf, so klingts bis zum heutigen Tage,
schon steigt die feindliche Schale zur Höh in der Gerechtigkeitswaage.
Denn dieses Jahr wird hoffentlich das gewaltige Ringen enden,
wir flehen hinauf zu Gott dem Herrn, mit aufgehobenen Händen:
»Beschütze unser Vaterland und draußen unsre Lieben,
und schenke uns im neuen Jahr – den langersehnten Frieden.«

Aus der Kriegszeit 1916

In England ist das Brot so schwarz wie reiner Straßenteer,
das Brot ist schlecht und Semmeln gibt es lange Zeit nicht mehr.
In England gibt es auch noch Bier, doch wird es dünn gebraut,
in England braucht man Marken gar zu schlechtem Sauerkraut.

In Frankreich gibts kein Leder mehr, nur mehr fürs Militär,
die Kinder steigen in Paris in Holzsandaln daher.
Willst du dir an Bezugsschein holn zu ein paar neue Schuh,
dann kriegst ihn erst nach hartem Kampf und Grobheiten dazu.

In Rußland ist es schon ganz mies, das Volk ist rabiat,
es gibt nicht Tee, nicht Schokolad, s' gibt nur mehr Marmelad.
Drum ham sie Dank der Wissenschaft ein Kriegsmus jetzt entdeckt,
das soll sehr gut und nahrhaft sein, a paar sind dran – gestorben.

In Japan bei dem gelben Feind, da gibt es gar nichts mehr,
weil alles doch beschlagnahmt wird jetzt von dem Militär;
sogar die Kirchenblocken schmelzt man drüben in Japan
und als Ersatz da läutet man einstweiln mit dem TamTam.

Und ganz Italien ist am Hund, behaupte ich ganz kühn,
da ham sie keinen Zucker mehr, s' gibt nur mehr Saccharin;
auch ist die Seife aufgebraucht, die Seife, die ist weg,
weil man sich nicht mehr waschen kann, ist man da drübn
voll – Schmutz.

In England haben sie auch noch an Kommunialverband,
der bringt die ganzen Englischmänn noch außer Rand und
Band;
und treibt er es auch noch so bunt, die Sorte ist schon faul,
die Engländer sind still dabei und halten ruhig 's Maul.

Kurz, alle unsre Feinde sind auf alles schon gefaßt,
sie magern alle sichtlich ab, der Krieg wird schon zur Last.
Sie zeigens nur noch immer nicht und pochen auf den Sieg
und schicken alte Männer und schon Kinder in den Krieg.

Ja – Ja – Ja –

So ist es dort bei unserm Feind,
dem gehts am Kragen, wie mir scheint,
das hat man vorher schon geahnt,
jedoch bei uns, wie man so spricht,
da existiert so etwas nicht,
das ist uns völlig unbekannt.

Der Schleichhändler

Melodie: Ich bin ein Preuße, kennt ihr meine Farben

1. Ich bin ein G'schäftsmann – aber – pst – verschwiegen,
   Hab keinen Laden – und auch kein Büro,
   Ich habe nur zwei Koffern und nen Rucksack,
   Ich kaufe ein – détail und auch en gros.
   Der Handel, 's ist erklärlich,
   Erträglich, doch gefährlich,
   Weil doch das Auge des Gesetzes wacht –
   Des Morgens, mittags und auch bei der Nacht.

2. Von Profession aus bin ich Teer-Eingießer,
   Bei dera Arbat gang's da net vui g'nau.
   Da hoaße Teer raucht ruaßi aus dem Ofen,
   Oft sah ich aus als wia der Kohlenklau.
   Das wurde mir zu ekelhaft,
   Drum habe ich mich aufgerafft –
   Und heute zähl ich mich zum Mittelstand
   Und bin jetzt Lebensmittel-Lieferant.

3. Alle drei Tage geh ich auf die Reise,
   Naus, zu de Bauern und dort kauf ich ein.
   Speziell Geflügel, Butter, Schmalz und Eier
   Bring ich auf Umweg in die Stadt hinein.
   Abnehmer – stets gefunden –
   Ich hab ja meine Kunden.
   Und find' ich keinen drinnen in der Stadt,
   Dann nimmt's der Schutzmann mir am Bahnhof ab.

4. So bin ich auf an grünen Zweig gekommen.
   »So ein Geschäft«, das will verstanden sein,
   Es ist ein außerordentlich's Gewerbe

Und deshalb kriegt ma kein Gewerbeschein.
Der Krieg ist nun zu Ende,
Wir reiben uns die Hände –
Dös hoaßt, mir kenna uns die Händ' net reib'n,
Weil ma an de Edelsteine hänga bleib'n.

5. Und bald such ich mir eine Ehehälfte,
Und schleunigst führ ich sie dann zum Altar.
Als Münchner Großkaufmann mit Frau Gemahlin,
hast g'hört, verstehst, dös werd' ja wunderbar.
Von Gelde tun wir strotzen,
Drum kenna mir uns protzen,
Und bald bin ich ein reicher Privatier
Und hab a Villa am Starnberger See.

Andreas Papp

Andreas Papp, wie Sie am Bild hier sehen,
War drauß' im Krieg von Anfang bis zum End',
Dem schönen Heldentod ist er entwichen,
Ein Glück, das wohl nicht jeder Krieger kennt.

Doch in der Heimat war es noch viel schlimmer:
Im Vaterland herrscht Hunger und herrscht Not.
Andreas Papp sprach: Dieses zu ertragen –
Da geh' ich lieber selber in den Tod.

Und schnell entschlossen ging er zu an Seiler
Und kaufte sich an meterlangen Strick;
Mit Kriegsspagat kann man sich nicht umbringen,
Der Strick, der reißt, man hat damit kein Glück.

Da dachte sich Herr Papp in der Verzweiflung:
Läßt dich von einem Schnellzug überfahrn –
Doch auf der Strecke tat kein Zug verkehren,
Wegen Kohlenmangel tat man Kohlen spar'n.

Die Starkstromleitung, die ist sicher tödlich,
»Lebensgefahr!« steht deutlich am Plakat,
Doch Tags zuvor hab'n Diebe dort gehauset
Und hab'n g'stohl'n den Kupferleitungsdraht.

Mit Kochgas, wie Sie hier am Bilde sehen,
Geht es auch schnell, das hat man oft gehört,
Fünf Stunden roch er dran, doch war es vergebens,
Er hat kein Glück, das Gas war abgesperrt.

Von einem Löwen sich zerreißen lassen,
Dacht' sich Herr Papp, dann wär es sicher gar,
S' war wieder nichts, weil drob'n in dem Tiergarten
Der Königslöwe schon verhungert war.

Andreas Papp, der ging nun schnell entschlossen
Zu einem Büchs'nmacher dann hinein,
Doch durft' ihm dieser kein' Revolver geben,
Denn er, er hatte keinen Waffenschein.

Nun war Herr Papp's Geduld damit zu Ende,
Nun nahm er Gift, das Gift, das hat gewirkt,
Denn Gift, das kann der Magen nicht vertragen,
Das ist ein Mittel, wo man sicher stirbt.

Doch frägt man sich, woher solch Gift denn nehmen,
Womit Herr Papp so sicher fand den Tod:
Das Gift bekommt man überall in Deutschland,
Das starke Gift heiße: »*Lebensmittelnot!*«

Zeitgemäßes Liederpotpourri, 1941

Melodie: Grüaß Euch Gott usw.
Grüaß Euch Gott, alle Volksgenossen,
alle Volksgenossen, alle Volksgenossen.
Grüaß Euch Gott, alle Volksgenossen,
alle Volksgenossen, grüaß Euch Gott.

Melodie: Oh Straßburg, oh Straßburg . . .
Oh Dachau – oh Dachau, du wunderschöne Stadt,
dort drinnen wohnt gar mancher,
der Witz erzählet hat

Melodie: Kommt ein Vogerl geflogen . . .
Kommt ein Vogerl geflogen,
läßt was fallen von ob'n,
weil er nichts hat getroffen,
ist er weiter geflog'n.

Melodie: Im tiefen Keller sitz ich hier . . .
Im Luftschutzkeller sitzen wir
bei keinem Faß voll Reben,
weil es da drunt verboten ist,
tut's keinen Alkohol dort unten geben.

Melodie: Still ruht der See . . .
Still ruht der See, die Schifflein schwimmen,
da macht es öfters bum – bum – bum –
da gehen viele Schifflein unter
und manche kehren schleunigst um
von diesem vielen bum – bum – bum –.

Melodie: Puppchen, du bist mein Augenstern ...
Kaffee, du bist mein Augenstern!
Kaffee, hab dich zum Trinken gern!
Kaffee, mein guter Kaffee,
wir ham dich gern, du wächst so fern.

Melodie: Walzertraum ...
Aber – leise, ganz leise, tralalala,
schleichen wir uns nach Ostafrika –
hol'n uns den Kaffee von Kamerun rum,
wenn wir das nicht täten,
da wärn wir schön dumm.

Melodie: Wien, Wien, Wien, sterbende Märchenstadt ...
Wien, Wien, Wien, sterbende Märchenstadt,
die nun statt Märchen jetzt
nützliche Arbeit hat.
Wien, Wien, Wien Träumen hat keinen Sinn,
mit Märchen schön, kann man nicht leb'n,
du liebes Wien, Wien, Wien.

Melodie: Steh ich in finstrer Mitternacht ...
Steh ich in finstrer Mitternacht,
hab ich schon oft für mich gedacht,
in unsrer guten alten Zeit,
da war es heller als wie heut.

Melodie: Glühwürmchen, Glühwürmchen, flimmre ...
Glühlämpchen, Glühlämpchen, flimmre, flimmre,
Glühlämpchen, Glühlämpchen, schimmre, schimmre,
glühe und erlösche nie
du bist mei letzte Batterie.

Melodie: O Tannenbaum ...
Amerika, Amerika, du bist doch zu bedauern,
du tatest ja schon lange Zeit
im Hintergrunde lauern.
Herr Roosevelt, Herr Roosevelt, du ließest dich verführen,
dafür wirst du, o glaube mir,
die Achsenmächte spüren.

Melodie: Ein Männlein steht im Walde ...
Ein Männlein steht in England und schreit: O weh!
ich fürchte nur die Stukas und U-Boote –
kommt die Invasion, o Schreck!
das behaupte ich ganz keck
Trallalalalala,
flieg ich nach Kanada.

Melodie: Heimlich still und leise ...
Heimlich still und leise
kommt der Friede,
wenn er nachher da ist, das ist klar,
dann ist endlich Ruh in ganz Europa –
hoffentlich auf tausend Jahr.

Melodie: Wandern, ach Wandern ...
Aber Meckern, ach meckern,
an jedem Ort,
Meckern, ach meckern,
in einem fort –
und g'rad der Münchner,
das ist bekannt –
meckert am meisten
im Deutschen Land.

Wenn ich einmal der Herrgott wär′ (1942)

Melodie: Da streiten sich die Leut herum

Wenn ich einmal der Herrgott wär′,
Mein erstes wäre das,
Ich schüfe alle Kriege ab,
Vorbei wär Streit und Haß.
Doch weil ich nicht der Herrgott bin,
Hab ich auch keine Macht;
Zum ew′gen Frieden kommt es nie,
Weil′s immer wieder kracht.

Wenn ich einmal der Herrgott wär′,
Mein zweites wäre dies,
Ich schüfe alle Technik ab,
′s wär besser, ganz gewiß.
Dann gäb es auch kein Flugzeug mehr,
O Gott! Wie wär das nett!
Und ohne Angst, da gingen wir
Allabendlich ins Bett.

Wenn ich einmal der Herrgott wär′,
Ich gäbe in der Welt
Den Menschen alle die Vernunft,
Die, scheint′s, noch vielen fehlt.
Doch weil mir das nicht möglich ist,
Die Sache ist zu dumm,
Drum bringen sich die Menschen mit
Der Zeit noch alle um.

Wenn ich einmal der Herrgott wär′,
Ich glaub, ich käm in Wut,
Weil diese Menschheit auf der Welt

Grad tut, was sie gern tut.
Ich schaute nicht mehr lange zu,
Wenn's miteinander raufen;
Ich ließe eine Sintflut los
Und ließ sie all ersaufen.

Ja, lieber Herrgott, tu das doch,
Du hast die Macht in Händen,
Du könntest diesen Wirrwarr doch
Mit einem Schlag beenden.
Die Welt, die Du erschaffen hast,
Die sollst auch Du regieren!
Wenn Du die Menschheit nicht ersäufst,
Dann laß sie halt erfrieren.

Neue Morgenrotverse

Neue Steuer – neue Steuer – ja, das ist ja ungeheuer.
Ja, wo steuern wir denn hin – Zukunft, Du erscheinst uns schlimm,
Zahln ma halt so lang ma kenna.

Fragebogen – Fragebogen – mancher hat darin gelogen.
Es ist nichts so fein gesponnen – es kommt alles an die Sonnen,
Und er ist nun Hilfsarbeiter.

Straßenbahn – Straßenbahn – hängen viele außen dran.
Warum gehn sie denn nicht nein – außen darf sowas nicht sein.
Frische Luft ist heut gesünder.

Bei Behörden – bei Behörden – ach, da gibt es oft Beschwerden.
Ja, du lieber Gott im Himmel – schuld daran ist der Amtsschimmel.
Dieses Pferd wird ewig leben.

Schokolade – Schokolade – gibt es bei uns nicht, das ist schade.
Manche Mädchen ham indessen sich daran schon satt gefressen,
Aber alles nur aus Liebe.

Kaugummi – Kaugummi – manche kauen spät und früh.
Manche kau'n sogar beim Küssen – manche Mädchen wer'n das wissen,
und aus Liebe kleben s' aneinander.

Zigaretten – Zigaretten – oh Ihr Dinger, Ihr ganz netten.
Leer sind alle Tabakgschäfter – ja, das wird noch viel, viel schlechter.
Allzuviel ist ungesund.

Katzenfreunde – Katzenfreunde – oh Ihr habt auch Eure Feinde.
Ich sag es ganz unverhohlen – viele Katzen werden gestohlen,
Denn der Hunger, der tut weh.

Militär – Militär – das entsteht aus Milli – Teer.
Tust du Teer und Milli mischen – laß dich dabei nicht erwischen,
Dann entsteht ein Militär.

Schwarzhändler – Schwarzhändler – ich geb euch die gute Lehr.
Weizenmehl könnt Ihr verschieben, große Mengen nach Belieben,
Weizenmehl ist doch nicht schwarz.

Schlangenstehen – Schlangenstehen – werden wir noch lange sehen,
Daß die Schlangen stehen können, könnt man fast ein Wunder nennen,
Schlangen können doch nur kriechen.

Die Sirenen – die Sirenen – tuen jetzt nicht mehr ertönen.
Hie und da soll man sie schmieren, aber ja nicht abmontieren,
Im Fall ma s' wieder braucha tatn.

Schutt-abräumen – Schutt-abräumen – keiner solle das versäumen.
'ʼs Zuschauen hat jetzt keinen Zweck, davon geht der Dreck net weg,
Freiwillig – soll jeder müssen.

Ein Gebäude – ein Gebäude – brachte manchem sehr viel Freude,
Hoffentlich wird's bald hergrichtet, weil man drauf nicht gern verzichtet,
In der Senefelderstraße.

Oh die Wahlen – oh die Wahlen – die bereiten wieder Qualen,
Viele sagen, ich wähl nimmer, wirds nun besser oder schlimmer,
So wias is kann's niemals bleiben.

Radio – Radio – täglich hör ich ihn mir o,
D' Bayern tun sich stets beschweren, weil wir hier nur Preußen hören,
Alles Gute kommt von oben.

Holzaktion – Holzaktion – ach die Wirkung merkt man schon.
Steht ein Baum im Odenwald, dieses Liedchen ist schon alt,
Doch bald geht es in Erfüllung.

Moritat vom kleinen P.G.

Hier sehn Sie einen ganz zerlumpten Menschen,
War angestellt in einer Schleiferei,
Weil sein Fabrikherr einst es haben wollte
Preßte man ihn hinein in die Partei.

Die Zeiten haben sich jedoch geändert,
Heut' ist der Mann wie viele ein P.G.
Arbeitsverbot, hat nichts mehr zu erwarten –
Bald sagt er selbst vielleicht der Welt adieu.

Ja – wäre er ein großer Nazi g'wesen,
Solch' Beispiele, die kennt man weit und breit,
Ging es ihm gut, doch so ist er verdammet
für jetzt und auch für alle Ewigkeit.

Dialoge

Die Fremden

Liesl Karlstadt: Wir haben in der letzten Unterrichtsstunde über die Kleidung des Menschen gesprochen, und zwar über das Hemd. Wer von euch kann mir nun einen Reim auf Hemd sagen?

Karl Valentin: Auf Hemd reimt sich fremd!

L.K.: Gut – und wie heißt die Mehrzahl von fremd?

K.V.: Die Fremden.

L.K.: Jawohl, die Fremden. – Und aus was bestehen die Fremden?

K.V.: Aus »frem« und aus »den«.

L.K.: Gut – und was ist ein Fremder?

K.V.: Fleisch, Gemüse, Obst, Mehlspeisen und so weiter.

L.K.: Nein, nein, nicht *was* er ißt, will ich wissen, sondern *wie* er ist.

K.V.: Ja, ein Fremder ist nicht immer ein Fremder.

L.K.: Wieso?

K.V.: Fremd ist der Fremde nur in der Fremde.

L.K.: Das ist nicht unrichtig. – Und warum fühlt sich ein Fremder nur in der Fremde fremd?

K.V.: Weil jeder Fremde, der sich fremd fühlt, ein Fremder ist, und zwar so lange, bis er sich nicht mehr fremd fühlt, dann ist er kein Fremder mehr.

L.K.: Sehr richtig! – Wenn aber ein Fremder schon lange in der Fremde ist, bleibt er dann immer ein Fremder?

K.V.: Nein. Das ist nur so lange ein Fremder, bis er alles kennt und gesehen hat, denn dann ist ihm nichts mehr fremd.

L.K.: Es kann aber auch einem Einheimischen etwas fremd sein!

K.V.: Gewiß, manchem Münchner zum Beispiel ist das Hofbräuhaus nicht fremd, während ihm in der gleichen Stadt das Deutsche Museum, die Glyptothek, die Pinakothek und so weiter fremd sind.

L.K.: Damit wollen Sie also sagen, daß der Einheimische in mancher Hinsicht in seiner eigenen Vaterstadt zugleich noch ein Fremder sein kann. – Was sind aber Fremde unter Fremden?

K.V.: Fremde unter Fremden sind: wenn Fremde über eine Brücke fahren, und unter der Brücke fährt ein Eisenbahnzug mit Fremden durch, so sind die durchfahrenden Fremden Fremde unter Fremden, was Sie, Herr Lehrer, vielleicht so schnell gar nicht begreifen werden.

L.K.: Oho! – Und was sind Einheimische?

V.K.: Dem Einheimischen sind eigentlich die fremdesten Fremden nicht fremd. Der Einheimische kennt zwar den Fremden nicht, kennt aber am ersten Blick, daß es sich um einen Fremden handelt.

L.K.: Wenn aber ein Fremder von einem Fremden eine Auskunft will?

K.V.: Sehr einfach: Frägt ein Fremder in einer fremden Stadt einen Fremden um irgend etwas, was ihm fremd ist, so sagt der Fremde zu dem Fremden, das ist mir leider fremd, ich bin hier nämlich selbst fremd.

L.K.: Das Gegenteil von fremd wäre also – unfremd?

K.V.: Wenn ein Fremder einen Bekannten hat, so kann ihm dieser Bekannte zuerst fremd gewesen sein, aber durch das gegenseitige Bekanntwerden sind sich die beiden nicht mehr fremd. Wenn aber die zwei mitsammen in eine fremde Stadt reisen, so sind diese beiden Bekannten jetzt in der fremden Stadt wieder Fremde geworden. Die beiden sind also – das ist zwar paradox – fremde Bekannte zueinander geworden.

Sie weiß nicht, was sie will

An einem Schalter des Arbeitsamtes

Beamter (zu einem Dienstmädchen): Nun haben Sie mir Ihr Anliegen schon dreimal erklärt, und ich bin noch nicht im Bilde, was Sie eigentlich wollen. Sie haben, wenn ich Sie recht verstehe, drei Arbeitsplätze als Zugeherin und wollen nun dafür eine Stelle annehmen in einem Altersheim.

Dienstmädchen: Nein, ich bin gegenwärtig schon in Stellung, aber die Stellung im Altersheim, in die ich erst kommen möchte, da bin ich noch nicht, weil die Frau Lorenz, bei der ich schon nicht ganz fünf Jahre bin, die sagt auch, wenn Sie beim Arbeitsamt noch nicht waren, dann können S' immer noch die Stellung, wenn die Frau Assessor, wo ich auch einen Zugehplatz habe, damit einverstanden ist, annehmen.

Beamter: Sie wollen also statt drei Arbeitsplätzen eine Stellung haben in einem Altersheim.

Dienstmädchen: Nein, das muß nicht sein, weil ich mich nicht so schnell entschließen kann, denn die Frau, wo ich wohne, hat gesagt, überlegen S' Ihnen das reiflich. So ein Schritt ist sehr riskant, der ihr Mann ist auch beim Magistrat und kennt die Fälle, und der meint, wenn Sie sich verbessern können, warum nicht?

Beamter: Und? Was hat da der Magistrat damit zu tun, dafür ist doch das Arbeitsamt da. Aber Sie stehen doch in Arbeit, und einen Stellungswechsel müssen Sie bei mir anmelden, aber ich versteh noch nicht recht. Wollen Sie am 1. dieses Monats in drei Arbeitsplätzen kündigen?

Dienstmädchen: Nein, das muß nicht sein, weil ich vorderhand noch bleib. Ein Platz wäre mir halt bedeutend lieber als drei Arbeitsplätze.

Beamter: Ja, zum Donnerwetter, wenn's nicht sein muß, was wollen Sie dann hier am Arbeitsamt?

Dienstmädchen: Die Frau Pfeiffer hat aber zu mir gesagt, da müssen Sie Ihnen ans Arbeitsamt wenden.

Beamter: Ja, was wollen Sie denn eigentlich wissen?

Dienstmädchen: Die Frau Pfeiffer hat gesagt, am Arbeitsamt kriegt man jederzeit Auskunft.

Beamter: Ich kann Ihnen doch nur eine Auskunft erteilen, wenn ich weiß, um was es sich handelt. Sie wissen aber, scheint es, selber nicht, was Sie eigentlich wollen.

Dienstmädchen: Jawohl!

Beamter: Was, jawohl?

Dienstmädchen: Ich weiß nur nicht, ob ich kündigen soll.

Beamter: Na, wenn Sie die Stellung im Altersheim annehmen, dann müssen Sie die anderen Plätze kündigen, ohne Kündigung können Sie nicht einfach davonlaufen.

Dienstmädchen: Ich kündige ungern. Schließlich ist das im Altersheim nicht das Richtige für mich, und wenn ich aber gekündigt habe, dann muß ich die Stellung annehmen, ob ich will oder nicht.

Beamter: Aber Sie sagten doch vorhin, Sie wollen lieber einen Platz als drei Arbeitsstellen.

Dienstmädchen: Wenn's ein guter Platz ist, dann schon. Außerdem bleibe ich lieber, wo ich bin, weil das sehr nette Leute sind, und wenn ich da kündigen tu, dann verklagen die mich, und so was laß ich mir nicht bieten.

Beamter: Na, wenn das nette Leute sind, die Sie nicht weglassen wollen, dann sind doch die Leute mit Ihnen zufrieden.

Dienstmädchen: Das schon. Ich will mich nur mit den Leuten nicht verfeinden.

Beamter: Na, dann bleiben Sie doch, wo Sie sind.

Dienstmädchen: Die Frau Pfeiffer hat aber gemeint, ich soll mir das reiflich überlegen, denn Arbeit gibt's überall, weil wenn mein Bräutigam, der mich vielleicht heiratet, der hat zur Frau Finkenzeller gsagt, wenn wir verheiratet sind, dann brauch ich überhaupt nimmer in Stellung gehn.

Beamter: Na also! – Dann heiraten Sie doch!

Dienstmädchen: Heiratn? Nein. Da denk ich noch gar nicht dran; schließlich passen wir gar nicht zsamm, dann muß ich doch wieder in Stellung gehn. – Da bleib ich schon lieber allein.

Beamter: Na, dann bleibn S' allein, und wenn Sie heiraten wolln, dann müssen S' aufs Standesamt gehn und nicht ins Arbeitsamt.

Dienstmädchen: Mein Bräutigam will aber absolut heiraten!

Beamter: Na gut! Dann heiraten Sie ihn halt absolut.

Dienstmädchen: Heiraten tu ich auf jeden Fall, weil ich mir sag, lieber ein eigenes Heim, als bei fremden Leuten schuften.

Beamter: Mein liebes Fräulein, nun aber zur Sache! Wir kommen da von einem Quatsch in den andern; was wollen S' denn eigentlich?

Dienstmädchen: Im Altersheim hab ich mich schon vorgstellt, und da hat die Frau Oberin gsagt, daß es sehr viel Arbeit gibt, aber mir is keine Arbeit zuviel, und ich kann, wenn ich gekündigt habe, schon am 1. anfangen; aber das fällt mir ja gar nicht ein. Ich bin doch nicht aufs Hirn gefalln.

Beamter: Nun sagen Sie wieder, Sie wollen *nicht* ins Altersheim?

Dienstmädchen: Schon – aber binden lasse ich mich nicht.

Beamter: Das wird ja immer schwieriger mit Ihnen!

Dienstmädchen: Die Frau Pfeiffer hat auch gesagt, das Altersheim ist städtisch. Wer drin ist, der is drin, der kommt so schnell nimmer raus.

Beamter: Sind S' doch froh, wenn S' wo drin sind; mir ist es ja egal, ob S' drin sind oder heraußen; jetzt sagn S' mir amal endlich, was Sie wolln.

Dienstmädchen: Ich will die Bescheinigung vom Arbeitsamt.

Beamter: Ja, was wollen Sie denn für eine Bescheinigung? Eine Bestätigung meinen Sie vielleicht.

Dienstmädchen: Ob ich die Stelle annehmen muß, wenn ich kündigen tu.

Beamter: Sie brauchen doch erst zu kündigen, wenn Sie sich entschlossen haben, daß Sie einen Stellungswechsel vorhaben; begreifen S' denn das nicht?

Dienstmädchen: Bis wann soll ich das vornehmen?

Beamter: Bis wann? – Das weiß doch ich nicht – das müssen doch Sie wissen.

Dienstmädchen: So schnell will ich mich noch nicht entschließen, weil ich nicht weiß, ob's meinem Bräutigam recht ist, weil, wenn der sagt, ich soll die Stellung unbedingt annehmen im Altersheim, dann kann ich immer noch tun, was ich will.

Beamter: Jetzt wird's allmählich Zeit, daß Sie zu einem Entschluß kommen, denn ich hab ja schließlich auch noch was anderes zu tun.

Dienstmädchen: Muß ich denn der Frau Pfeiffer sagn, daß ich am Arbeitsamt war?

Beamter (schreit sie an): Ja! Sagn Sie's ihr!!!

Dienstmädchen: Ich überleg mir's halt jetzt noch mal, was ich tun soll, und dann komm ich wieder zu Ihnen.

Beamter: Um Gottes willen!!! – Dann überlegen Sie's Ihnen lieber nicht.

Pessimistischer Optimismus

Lang: Soso, Sie sind Pessimist?

Karl Valentin: Und Sie? – Optimist!

Lang: Ja.

K.V.: Sie sehn also alles rosig.

Lang: Jawohl – alles!

K.V.: Die Rosen auch?

Lang: Na – die werden Sie doch auch rosig sehen!

K.V.: Die schon – aber das ist auch das einzige, was ich rosig sehe!

Lang: Wie sehen Sie denn die Welt?

K.V.: Nur unrosig! – Wenn es auch in einem alten Lied heißt: Ja, die Welt ist schön . . .

Lang: Warum? – Finden Sie die Welt nicht schön?

K.V.: Nein! – Was soll denn da schön sein? – Das Unschöne geht doch schon mit der Geburt an. – Oder ist vielleicht die Geburt etwas Schönes? Fragen Sie mal darüber eine Hebamme oder einen Geburtshelfer.

Lang: Na gut – schön ist das nicht, aber – es *ist* halt mal so.

K.V.: Ja, das Es ist halt mal so – ist ja schon nicht schön! Schön wäre nach meiner Ansicht, wenn es nicht so wäre.

Lang: Na – wenn es nicht so wäre, dann wären Sie ja nicht auf der Welt.

K.V.: Ja, das wäre doch schön!

Lang: Wenn aber alle so denken würden wie Sie, dann wäre doch niemand auf der Welt.

K.V.: Ich sage Ihnen doch – dann wäre es doch schön.

Lang: Für wen?

K.V.: Für die Menschen, welche nicht auf der Welt sein müßten!

Lang: Menschen, die noch nicht auf der Welt waren, können doch nicht unterscheiden, ob es auf der Welt schön ist oder nicht.

K.V.: Das ist doch das Schöne, daß diese Menschen noch nicht auf der Welt waren.

Lang: Wie meinen Sie das?

K.V.: Ein Beispiel: Haben Sie schon etwas gehört vom Dreißigjährigen Krieg?

Lang: Gewiß!

K.V.: Was haben die Menschen, die zu dieser Zeit gelebt haben, alles mitgemacht! Können Sie sich das vorstellen?

Lang: Ja, diese Menschen haben Furchtbares erlebt! Alle Schrekken des Krieges – dazu noch Hungersnot und Pestilenzen.

K.V.: Na also – hätten Sie zu dieser Zeit auf der Welt sein wollen?

Lang: Nein! Gewiß nicht!

K.V.: Sehen Sie – war das nicht schön, daß Sie zu dieser Zeit nicht gelebt haben?

Lang: Stimmt!

K.V.: Also, daraus ersehen Sie doch, daß es für einen Menschen schön sein kann, selbst wenn er noch nicht gelebt hat – und genauso schön ist es für den Menschen, wenn er nach seinem Erdendasein nicht mehr lebt.

Lang: Ja – aber das Leben selbst haben Sie ja ganz übersprungen in Ihrer philosophischen Schilderung.

K.V.: Einen Moment! Es gibt allerlei Leben – es gibt zum Beispiel ein kurzes Leben – ein Kind wird geboren, und nach einer Stunde schon stirbt es. War das ein schönes Leben?

Lang: Nein! Aber es gibt doch auch ein langes Leben – es gibt doch Menschen, die über hundert Jahre lang leben. Und noch wünschen, länger zu leben.

K.V.: Gewiß, solche Fälle gibt es, aber was hat so ein alter Mensch noch von seinem Leben, insofern man dieses noch Leben nennen kann; völlig verkalkt, schon fast versteinert liegt er da – eine halbe Mumie, könnte man sagen – zu nichts mehr fähig als zum Sterben.

Lang: Zu nichts mehr fähig, sagen Sie? Lesen Sie die Bibel – Abraham wurde siebenhundert Jahre alt und hatte fünfhundert Kinder.

K.V.: Na, na, na, na – Sie übertreiben – vierhundert Kinder soll er nur gehabt haben.

Stammtisch-Gespräche (1943)

Herr Huber: Ja, ja, Herr Meier, was sag'n jetzt Sie?

Herr Meier: Ja mei, was soll ma da sag'n!

H: Ja, dös sag' ich auch.

M: No ja, so lang's no a so is', derf ma z'fried'n sein.

H: Dös sag i auch – was nützt das alles – wie's kommt, so kommt's.

M: Ganz richtig! – Der Mensch denkt und Gott lenkt!

H: (Lange Pause) Dös stimmt net, Herr Meier; setzen Sie sich mal aufs Fahrrad 'nauf und lenken's nicht – einmal hab' ich's probiert – schon hat's mich hindraht.

M: Ja, beim Fahrrad geht dös nicht, dafür ist doch die Lenkstange da – mit dem Denken geht dös nicht!

H: Meine Ansicht ist die, man soll überhaupt nicht soviel denken, wenn man schon denkt, sollt man nur an schöne Sachen denken.

M: Da hab'n Sie schon recht, Herr Huber, aber was nützt mich das, wenn ich zur Mittagszeit an eine schöne gebratene Gans denke und meine Frau stellt mir dann einen Hafen Kartoffeln auf den Tisch.

H: Da hab'n Sie schon recht, eine Gans ist auch etwas Schönes, aber wenn Sie in Ihrem Leben statt jeder Kartoffel eine Gans gegessen hätten, dann wär das für Sie sicher nichts Schönes mehr, sondern etwas Widriges.

M: Ja, ja, dös stimmt – allzuviel ist ungesund!

H: Das stimmt auch wieder nicht, Herr Meier, denn dann wären wir ja alle krank, weil wir zur Zeit doch alle zuviel Kartoffeln essen.

M: Nein! Bei den Kartoffeln ist das Sprichwort nicht am Platz, weil die Kartoffel vielseitig ist.

H: Das ist ein Unsinn, was Sie da sagen – eine Kartoffel vielseitig – eine Kartoffel ist überhaupt nicht seitig, eine Kartoffel ist rund – ovallänglich; bei einem Zigarrenkistchen kann man sagen, das ist vielseitig oder eine Harfe – eine Zither, die ist vielsaitig.

M: Nein! Ich meine eine Kartoffel ist vielseitig in ihrer Zubereitung – eine Gans können Sie nur braten, aber Kartoffeln können Sie braten, sieden, rösten; man kann sogar Kartoffelknödel daraus machen – aus einer Gans können Sie keine

Gansknödel machen, niemals! Und deshalb ist die Kartoffel die Hauptnahrung der Menschen.

H: Nein! Die Hauptnahrung der Menschen ist das Brot; weil es schon im Gebet heißt: »Unser täglich Brot gib uns heute.«

M: Ja, ja, aber das kommt nur daher, weil die Kartoffeln viel später entdeckt wurden; wenn die Kartoffeln vor dem Brot ...

H: Sparen Sie sich Ihre Worte, ich weiß schon, was Sie sagen wollen. Dann müßt es in dem Gebet heißen: »Unsere täglichen Kartoffeln gib uns heute.«

M: Wenn Sie natürlich alles philosophisch zerlegen, stimmt vieles nicht auf der Welt, dann dürfte man auch nicht sagen: »Unser täglich Brot gib uns heute«, sondern man müßte sagen: »Unser täglich Brot gib uns immer«, denn was nützt mich das, wenn ich heute ein Brot habe und morgen hab ich keines.

H: Das muß man sich halt einteilen und die Hälfte auf morgen aufbewahren.

M: Dann ist es nicht mehr frisch.

H: Aber viel gesünder, denn in jedem Bäckerladen hängt jetzt ein Plakat: »Eßt kein frisches Brot.«

M: Dann muß ich wieder auf das Gebet zurückkommen – dann müßte es heißen: »Unser täglich Brot gib uns morgen.«

H: Ja, wie gesagt, Fehler werden halt überall gemacht – sogar die Natur macht Fehler, die sich bei den Menschen auswirken. Zum Beispiel der Blitz ist eine elementare Naturgewalt! Der Mensch baut sich ein Haus und der Blitz schlägt es wieder zusammen.

M: Ja, ja, aber das kommt doch selten vor.

H: Oder – Erdbeben! Ganze Städte sind schon vom Erdbeben vernichtet worden.

M: Ja, ja, die Naturkatastrophen können oft viele Menschen dahinraffen – ja, ja, die wenn nicht wären, dann wär es schön auf der Welt.

Bald kommt der Friede (1943)

Mann (zur Frau): Glaube mir, ich weiß es bestimmt, bald wird der Friede kommen.

Frau: Jawohl – ausgerechnet du weißt es, wann der Friede kommt.

Mann: Ja der kommt sicher.

Frau: Freilich muß er einmal kommen, – aber wann.

Mann: Bald!

Frau: Bald! – Das kann noch jahrelang dauern.

Mann: Jahrelang? – Alle Augenblick kann er da sein.

Frau: Du spinnst!

Mann: Möglich – deshalb kommt er doch.

Frau: Das weiß niemand, am allerwenigsten du.

Mann: Doch – bald ist der Friede da.

Frau: Wenn ich das unserer Milchfrau erzählen würde, die verbreitet solche Gerüchte mit Vorliebe an ihre Kundschaft, und in acht Tagen weiß es die ganze Stadt.

Mann: Das kann die Milchfrau ruhig weitererzählen, wahre Gerüchte können ruhig weitererzählt werden, nur wird es in acht Tagen zu spät, weil der Friede inzwischen schon gekommen ist.

Frau: Gut! – Ich werde dein Geschwätz weitererzählen, auf deine Verantwortung.

Mann: Das kannst du machen, aber die Leute werden wenig Interesse haben.

Frau: Na, du hast aber sonderbare Ansichten, Millionen Menschen hegen heute nur den einen Wunsch: Wann kommt der Friede?

Mann: Zu Millionen von Menschen wird der Friede nicht kommen, das ist ein Ding der Unmöglichkeit.

Frau: Ja du bist ja übergeschnappt.

Mann: Was hat das mit der Übergeschnapptheit zu tun? *(Es klingelt an der Wohnungstüre.)* Jetzt kommt er.

Frau: Wer kommt?
Mann: Der Friede!
Frau: Du bist irrsinnig geworden, ich hole den Arzt.
(Fremder Herr tritt ein.)
Mann (zur Frau): Darf ich dir vorstellen – mein Freund: Paul Friede!
Frau: Sehr angenehm!

(Siehe Münchener Adreßbuch 1942, Seite 154)

Nein

V: Kennen Sie meinen Schwager?
B: Nein.
V: Den kennen Sie nicht?
B: Nein.
V: So. Ich hab geglaubt, Sie kennen ihn.
B: Nein.
V: Überhaupt nicht?
B: Nein.
V: Gesehen haben Sie ihn auch nicht?
B: Nein.
V: Aber Sie wissen doch, daß ich einen Schwager habe?
B: Nein.
V: Ja, was is des!
B: Nein.
V: Was, nein – möchten Sie meinen Schwager kennenlernen?
B: Nein.
V: Meine Schwägerin auch nicht?
B: Nein.
V: Haben Sie auch einen Schwager?
B: Nein.

V: Schwägerin auch nicht?
B: Nein.
V: Geschwister auch nicht?
B: Nein.
V: Zwillinge?
B: Nein, nein.
V: Haben Sie Kinder?
B: Nein.
V: Wie viele?
B: Nein.
V: Sie haben ja gar nichts.
B: Nein.
V: Kein Haus auch nicht?
B: Nein.
V: Haben Sie kein Geld auch nicht?
B: Nein.
V: Wenn S' kein Geld nicht haben, dann haben Sie ja eins!
B: Nein.
V: Sagen Sie zu allem nein?
B: Nein.
V: Ja sagen Sie überhaupt nicht?
B: Nein.
V: Aber daß der Krieg aus ist, freut Sie schon?
B: Nein.
V: Was? Dann sind Sie ja ein Kriegsgewinnler!
B: Nein.
V: Des san S' aa net?
B: Nein.
V: Ja, irgendwas müssen S' doch sein!
B: Nein.
V: Ein Neinsager sind Sie doch auf jeden Fall!
B: Nein.
V: Ein Mensch, der zu allem ja sagt, sind Sie aber auch nicht?
B: Nein.

V: Ja, dann sind Sie ja ein Depp!
B: Nein.
V: Aa net?
B: Nein.
V: Jetzt wird mir Ihre Neinsagerei zu dumm. – Einmal müssen Sie »ja« sagen. Nun stell ich an Sie noch zwei Fragen: Sind Sie PG?
B: Nein.
V: Haben Sie alle Ihre Fragebögen gewissenhaft ausgefüllt?
B: Selbstverständlich!
V: Moana Sie, der hätt ja gesagt?! »Auf Wiedersehn«, hat er gsagt und is ganga.

Verstehst nix von der Politik

A: Wennst nix von der Politik verstehst, nacha redst net so saudumm daher – des hoaßt net Komponist, sondern Kommonist.
B: Kommonist?
A: A Komponist is ja a soichana, der zum Beispiel an »Tölzer Schützenmarsch« komponiert hat.
B: Naa! Des is net wahr, an Tölzer Schützenmarsch hat – des woaß i zufälligerweis – a Gastwirt von Tölz komponiert.
A: Is ja verkehrt – du moanst ja musiziert.
B: Naa! – Oana, der wo a Musi macht, is koa Komponist – des is a Musikant.
A: Naa – der wo die Musi spielt, is a Musikant.
B: Du spinnst ja – dann waar ja mei Radio dahoam aa a Musikant, der spielt aa oft a Musi.
A: Du redst no grad so dumm daher wie damals im Weltkrieg neunzehnhundertvierzehn – da hast aa daherpolitisiert und hast allaweil vom Bierverband anstatt von Vierverband dahergredt.

B: Aber du hast aa nix verstanden, weilst damals gmoant hast, die Entente, des waar das hintere Ende von einer Ente.

A: Geh, du alter Sprüchemacher. – Wie saudumm hast di damals gstellt beim Wählen, wos d' zu mir gsagt hast, i wähl einen Konditor statt einen Kandidaten, und wie du zu mir gsagt hast – für an Kaminkehrer is jetzt a harte Zeit, weil, wenn der an Radio hört, is er a Schwarzhörer.

B: Des hab i doch nur aus Gaudi gsagt.

A: A Gaudi – hast vielleicht da aa a Gaudi gmacht, wia du gsagt hast, dei Schwager is Strumpfbandführer worn, statt Sturmbannführer?

B: Da hab i mi ja nur versprochen.

A: Daß du für dei Alter no so saudumm bist, da hab i heut noch den Beweis. Kannst dich noch erinnern, wia am Anfang vom Kriag die Verdunklungsvorschriften in der Zeitung gstanden san, da hab ich dir gsagt, daß im Englischen Garten Plakat angschlagn sind mit der Aufschrift: Das Herumschwirren von Glühwürmchen ist bei eintretender Dunkelheit polizeilich verboten. – Dann bist am andern Tag mit deim Radl nuntergfahrn, weils d' as net glaubt hast.

B: Ja, weil i anstatt Glühwürmchen Glühlämpchen verstanden hab.

A: Geh, geh, geh, geh geh, geh, geh! – Glühlämpchen hast du verstandn, als wia wann im Englischen Garten Glühlämpchen umanandaschwirrn tatn.

B: Mhm. – Du brauchst koa Angst ham, daß dir oana d' Weltmeisterschaft im Blödsein streitig macht! Kannst dich no erinnern, wia damals auf der Insel Kreta die Fallschirmspringer gelandet san – da hast du zu mir gsagt, ob's auf dera Insel allaweil regnen tut, weil die Fallschirmspringer alle an Schirm dabeighabt ham.

A: Du hast ja aa damals an Blödsinn dahergredt, wias d' gsagt hast, da Hitler hat a Glück ghabt, daß er net Adolf Kräuter ghoaßn hat, sonst hättn ma schrein . . . müssen »Heil Kräuter«!

B: Aber dei ganze politische Anschauung is ja nur a Kas gwesen, denn wenn's nach deiner Ansicht ganga wär, hättn mir den Kriag verlorn.
A: Mir ham ihn ja verlorn.
B: Des woaß i scho! Ja, moanst du, daß du alloa bloß an Kas dahergredt hast?

Vater und Sohn über den Krieg (1947)

Sohn (zehn Jahre alt): Du, Vata, gell, der Krieg is was Gefährliches?
Vater: Freili, des is das Gefährlichste, was es gibt!
Sohn: Warum wird dann immer wieder Krieg gführt, wenn er so gefährlich ist?
Vater: Ja mei! Es heißt halt, solange es Menschen gibt, gibt es Kriege.
Sohn: Gell, Vata, wenn a König oder a Kaiser an König oder an Kaiser von einem anderen Land beleidigt, kummt a Krieg?
Vater: Naa, naa – so einfach is des net. Da müssen schon die Kriegsminister und der Kriegsrat gefragt werdn.
Sohn: Wenn dann der Herr Kriegsrat den Krieg will, dann kommt a Krieg?
Vater: Nein – dann wird erst vorher noch der Reichstag einberufen, und die Parteien entscheiden dann über Krieg oder Frieden!
Sohn: Sind das solche Parteien, wie die bei uns im Haus wohnen?
Vater: Hah! Dummer Bua – das sind politische Parteien, die vom Volk gewählt wurden!
Sohn: Wird dann das Volk auch gefragt, ob wir an Krieg wolln oder nicht?
Vater: Nein! 's Volk wird nicht gefragt, denn das Volk sind ja die Parteien, weil das Sechzig-Millionen-Volk im Reichstagsge-

bäude keinen Platz hätte – deshalb hat das Volk seine Vertreter!

Sohn: An Hämmerle Maxe sei Vata is aa a Vertreter!

Vater: Naa, Bua – des is ja nur a Vertreter von einer Zigarettenfabrik.

Sohn: Kriagst von dem koane Zigaretten?

Vater: Naa! In Kriegszeiten braucht man keinen Vertreter, weil die Waren knapp sind!

Sohn: Du, Vata, werdn die Soldaten auch gfragt, ob 's an Krieg wolln?

Vater: Naa! Die Soldaten werden nicht gfragt, die müssen in den Krieg ziehn, sobald er erklärt ist – mit Ausnahme der Freiwilligen.

Sohn: Müssen die Freiwilligen auch schießen im Krieg?

Vater: Nein – ein Freiwilliger muß nicht, der schießt halt, weil im Krieg geschossen werden muß.

Sohn: Dann müssen s' ja doch!

Vater: Aber nur freiwillig muß er!

Sohn: Gell, Vata, die Gewehre, die Kanonen, die Fliegerbomben und alle die Kriegswerkzeuge, die laßt alle der Kaiser machen?

Vater: Natürlich.

Sohn: Die sind teuer, gell, Vata?

Vater: Die sind freilich teuer, die kosten viele, viele Milliarden.

Sohn: Der Kaiser kann s' aber leicht zahln, weil er reich is.

Vater: Der is freili reich, der Kaiser is der reichste Mann im ganzen Land.

Sohn: Von was is denn der Kaiser so reich worn, Vata?

Vater: Durch sein Volk – durch die vielen Steuern.

Sohn: Aber dem Kaiser sei Volk is net reich.

Vater: Nein, das nicht, aber das macht die Masse. Wenn zum Beispiel von den sechzig Millionen Menschen nur jeder eine Mark Steuer im Jahr zahlt, sind es schon sechzig Millionen Mark.

Sohn: Ghörn die sechzig Millionen dann dem Kaiser?

Vater: Nein, die ghörn dem Staat, und vom Staat kriagt der Kaiser dann auch etwas, aber vielleicht nur fünf Millionen, so viel, daß er halt mit seiner Familie gut auskommt.

Sohn: A paar Millionen? Gell, Vata, soviel verdienst du als Arbeiter nicht?

Vater: Naa – i verdien im Jahr net ganz zweitausend Mark.

Sohn: Aber als Rüstungsarbeiter hast scho mehra verdient?

Vater: Ja, das war aber nur während dem Krieg!

Sohn: Gell, Vata – wegen dem Verdienst wär der Krieg scho recht?

Vater: Eigentlich schon – – aber –

Sohn: Was: aber?

Vater: Lieber weniger verdienen und im Frieden leben wär halt doch schöner.

Sohn: Ja, Vata, wennst du und deine Arbeitskameraden nie in einer Rüstungsfabrik arbeiten tatn, dann gäb es doch keine Waffen – dann wär doch immer Frieden, weil man ohne Waffen keinen Krieg führen kann.

Vater: Ja, ja, da hast du schon recht – aber das müssen alle Arbeiter auf der ganzen Welt beherzigen.

Sohn: Warum tuan's das nicht?

Vater: Mei, Bua – du bist noch so jung – das verstehst noch nicht, wenn ich dir das auch erklär – die Arbeiter werden von den Kapitalisten überlistet.

Sohn: Was ist des – überlistet?

Vater: Überlistet? Es wird künstlich eine Arbeitslosigkeit erzeugt – wenn die Arbeitslosigkeit nach einigen Jahren den Höhepunkt erreicht hat, steht schon im Hintergrund der Krieg.

Sohn: Was is nacha?

Vater: Dann werden wieder Arbeiter gesucht.

Sohn: Dann werden die Arbeiter wieder froh sein, wenn s' a Arbeit kriegen.

Vater: Viele Millionen Arbeiter arbeiten dann wieder in Fabriken und machen die Teile für fünf Millionen Nähmaschinen.

Sohn: Nähmaschinen? Du, Vata, zu was braucht man denn im Krieg Nähmaschinen?

Vater: Des wird den Arbeitern nur vorgetäuscht – in Wirklichkeit werden es lauter Maschinengewehre.

Sohn: Glauben des die Arbeiter? Wie is des dann bei den Riesen-Kanonenrohren?

Vater: Da wird den Arbeitern vorgetäuscht, das werden lauter Fernrohre für die Sternwarte.

Sohn: Geh, Vata, so einen plumpen Schwindel kann man doch keinem Arbeiter vormachen.

Vater: Freilich ist das nicht faßbar – aber die Kanonenrohre sind da, also haben s' die Arbeiter doch gemacht!

Sohn: Hast du auch den Schwindel geglaubt?

Vater: Haha – ich hab sofort gemerkt, daß das Waffen werden für den Krieg.

Sohn: Warum hast du denn nicht gestreikt?

Vater: Ich allein kann doch nicht streiken – wenn schon, dann müssen alle Arbeiter der ganzen Welt sofort in den Streik treten und keine Waffen mehr machen, dann wäre gleich Schluß mit den unseligen Kriegen.

Sohn: Warum tun das dann die Arbeiter nicht?

Vater: Mei, Bua, redst du dumm daher. Wenn i damals nach der großen Arbeitslosigkeit net in der Rüstungsfabrik gearbeitet hätt, wären wir, ich, die Mutter und du, verhungert und die anderen Arbeiter auch.

Sohn: Ja, du hast ja doch gearbeitet, und trotzdem müssen wir heute auch bald verhungern.

Vater: Naa, naa – so schlimm wird's nicht werden.

Sohn: Wenn aber wieder a Krieg kommt, tätst du dann auch wieder für die Rüstung arbeiten?

Vater: Ja mei, wenn's uns wieder überlisten, dann geht's uns wieder so wie beim letzten Krieg.

Sohn: Aber Vata, wenn das so ist, wie du mir das alles erklärst, gibt es ja niemals einen ewigen Frieden auf der Welt.

Vater: Niemals – deshalb heißt es ja doch: Solange es Menschen gibt, gibt es Kriege.

Sohn: Menschen? Nein, Vata – in dem Fall müßte es heißen: Solange es Arbeiter gibt, gibt es Kriege.

Vater: Nein, es muß heißen, solange es solche Schwindler gibt, die die Arbeiter immer wieder anschwindeln, solange gibt es Kriege.

Sohn: Dann ist ja der Schwindel schuld an den Kriegen.

Vater: Ja, so ist es – und diesen Schwindel heißt man internationalen Kapitalismus.

Sohn: Kann man den denn ausrotten?

Vater: Nein! Höchstens mit Atombomben, die die ganze Welt vernichten!

Sohn: Gell, Vata – aber der wunde Punkt is halt der: wer macht zum Schluß die Atombomben?

Vater: Natürlich auch wieder die Arbeiter.

Sohn: Wenn sich aber die ganzen Arbeiter auf der Welt einig wären, gäb's dann auch noch an Krieg?

Vater: Nein – dann nicht mehr – das wäre der ewige Friede.

Sohn: Aber gell, Vata – die werden nie einig.

Vater: Nie!

Ihr Kampf

V: Na Frau Braun, wie gehts Ihnen denn?

B: Schlecht.

V: Stimmt was nicht?

B: Stimmen? Sie wissen doch, meine unglückliche Ehe – 12 Jahre lang hat mich dieser Schuft an der Nase herumgeführt, und jetzt steh ich da mit meinem Haufen Kinder – betrogen und verlassen.

V: Ich verstehe nur das eine nicht, daß Sie diesem Schwindler so lange Ihr Vertrauen geschenkt haben. Sie waren eine reiche Frau und er ein armer Habenichts.

B: Ja das kann ich schon verstehen, weil er mir, wie ich ihn kennengelernt habe, den Himmel versprochen hat, und jetzt hab ich die Hölle.

V: War er denn wirklich so gemein?

B: Gemein reicht ja gar nicht. Ich hab doch einen schönen Batzen Geld mit in die Ehe gebracht, das wissen Sie doch.

V: Ja freilich weiß ich das, ich kenn doch Ihre Verhältnisse, ich weiß doch auch, wie Sie ihn kennengelernt haben. Mit seinen schönen Reden hat er Sie überlistet, hypnotisiert könnte man beinahe sagen.

B: Ja, nicht nur er allein hat es auf mein Vermögen abgesehen gehabt, seine netten Freunderln dazu.

V: Ich kenn sie alle, diese Burschen, aber Frau Braun, ich habe nie den Mut gehabt, Sie zu warnen – Sie haben mich oft erbarmt – wie er Ihnen einen Tausender um den anderen herausgelockt hat zur Gründung einer GmbH – und Ihr Geld hat er mit seinen Freunderln verjubelt.

B: *Er* hat ja gar nicht einmal so viel gesoffen, und geraucht hat er auch nicht, aber er wollte doch immer hoch hinaus, er hat ja den Größenwahn gehabt. Autos hat er sich um mein Geld gekauft, Villen hat er gebaut – alles um mein Geld – und mir hat er eine rosige Zukunft versprochen – ja – die hab ich jetzt – jetzt sitz ich da mit meinen Kindern in Not und Elend und kann betteln gehen.

V: Und Sie haben ihn nie zur Rede gestellt, was er eigentlich mit Ihnen vorhat?

B: Zur Rede gestellt? Da hätt ich mir was zu sagen getraut – bei seiner Herrschernatur – *ein* unrechtes Wort wenn ich nur gesagt hab, dann ist er wie ein Besessener im Zimmer auf und ab gerannt, hat geschäumt vor Wut – einmal hat er ins Tischtuch hineingebissen vor lauter Zorn – und hat mir in der Wohnung alles kurz und klein geschlagen.

V: Und das haben Sie sich bieten lassen?
B: Natürlich – aus Angst und Furcht hab ich alles über mich ergehen lassen. Scheiden lassen wollte ich mich von dem Tyrannen nicht, meinen Kindern zu Liebe.
V: Das war ja ein 12jähriges Hundeleben, was Sie hinter sich haben.
B: Das kann man wohl sagen.
V: Ja haben denn die Nachbarn, wo Sie gewohnt haben, das gewußt, wie es bei Ihnen zugeht?
B: Freilich, ein paar haben ja sogar zu ihm geholfen, aber die letzten Jahre haben auch die von ihm nichts mehr wissen wollen.
V: So – Frau Braun – man könnte an Ihrem normalen Geisteszustand zweifeln – daß Sie 12 Jahre all das Schreckliche mit solcher Geduld ertragen haben – Sie sind im wahren Sinne des Wortes eine Märtyrerin.
B: Eine Märtyrerin? Ein Rindviech war ich 12 Jahre lang.
V: Stimmt – aber trösten Sie sich, wie winzig ist *ein* Menschenschicksal gegen ein *Völker*schicksal.

Dialog zwischen Valentin und Karlstadt über Hunger, Waffen und Atombomben

V: Warn S' beim Einkaufn?
K: Was heißt Einkaufn, beim Anstelln war ich, drei Stund hab ich mich umsonst angstellt beim Bäcker.
V: Dann warn Sie also eine Angstellte beim Bäcker. Ham S' dann auch was bekommen?
K: Nix hab i kriagt. Da schaun S' rei in mei leere Taschn. Kein Stückl Brot ham mir z'Haus, es is zum Verzweifeln.
V: Was heißt zum Verzweifeln, zum Verhungern wär eigentlich der richtige Ausdruck; aber des is nur der Übergang.

Das dauert vielleicht noch 10–20 Jahr, bis die gesprengten Brücken wieder alle neu gebaut sind, dann gibts wieder alles.

K: So, dann müaß ma also no 20 Jahr lang hungern?

V: Kann scho sei, aber dafür schmeckts uns dann umso besser, oder ham Sie noch nie das Sprichwort gehört: »Hunger ist der beste Koch«?

K: Des is a nettes Sprichwort und im Gebet heißts: »Unser täglich Brot gib uns heute.« Da müaßt ma eigentlich betn: »Unser täglich Brot gib uns in 20 Jahren.«

V: Na, es wird net so gfährlich wern. Nur ein Beispiel. Mein Neffe ist heute 15 Jahre – er steht vor der Berufswahl – was soll ich den Buben lernen lassen. »Hungerkünstler« soll er wern, er hat auch sehr viel Talent dazu, da muß ma grad staunen, wie der schon hungern kann und das ist dazu noch ein sehr einträglicher Beruf. Der ehemalige Hungerkünstler »Sukki« hat in München im Jahre 1913 im Mathäser ein Gastspiel geben. Da hat er 42 Tage lang gehungert und hat über 15 000 Mark verdient – in dieser kurzen Zeit, der Mann ist durch das Hungern ein reicher Mann geworden.

K: Ja ja, des kann schon sein, das sind halt Ausnahmen, jeder kann das nicht.

V: Was heißt jeder? Wir trainieren uns doch schon alle auf diesen Beruf ein.

K: Na, na, Herr Huber, Sie sehn zu schwarz. D' Amerikaner bringen jetzt schon was her, bei denen gehts schnell. Oder ham Sie schon einmal a amerikanisches Auto gsehn, des langsam gfahrn ist?

V: Ja, Frau Meier, da sind Sie nicht ganz im Bild. Mit den Autos können Sie natürlich sehr schnell zu uns Lebensmittel rüberfahrn, im 200 km-Tempo sogar, aber die Lebensmittel müssen doch auch übers Meer mit den Schiffen rübertransportiert werden, und die Schiff fahrn ja viel langsamer als die Autos, und das ist der wunde Punkt.

K: Aber Deutschland, hab i ghört, kommt erst an letzter Stelle dran.

V: Na ja, dö andern Länder warn an erster Stelle dran mitn Hungern, dös müass ma halt auch wieder bedenken.

K: Aha, so is dös. So was woaß halt unsereiner net.

V: Ja und dann kommt noch dazu, daß im Meer noch Millionen von Minen umanand liegn, da müassn die amerikanischen Schiffe jeder Mine ausweichen, also drum rum fahrn; was glaubn Sie, was die oft für an Umweg macha müassn, bis die in Europa landen können.

K: Aha! So is dös – von so was hat natürlich unsereiner keine Ahnung. Aba wenn dös so is, wie Sie sagen, dann wär es doch das einfachste, wenn man diese schwimmenden Minen aus dem ganzen Meer rausfischen tät, damit die großen Transportdampfer nicht mehr gehindert wären.

V: Ja, dös wird ja schon seit Kriegsende getan.

K: Sooo – aa ja, dann wern ma ja bald was kriang – dauert dös lang, bis diese Minen alle rausgfischt san?

V: Ja, dös kann viele, viele Jahrzehnte dauern, weil doch diese Minen unter Wasser schwimmen – die sieht ma ja gar net, das ist möglich, daß solche Minen in 100 Jahr no im Meer herum schwimmen.

K: Und so lang müassn mir noch hungern? Ja! – Warum ham s' denn die Minen ins Meer neigschmissn?

V: Sehr einfach! Damit die Schiffe an die Minen hinstoßen solln und in die Luft fliegen.

K: Was? – Die Schiffe fliegen dann in die Luft? Wie der Zeppelin?

V: Der Zeppelin kann weiter fliagn, aber die Schiffe fallen wieder ins Meer und versinken.

K: Mit den ganzen Nahrungsmitteln, die für Europa bestimmt sind?

V: Natürlich!

K: Ja, wer hat denn dann die gefährlichen Minen erfunden?

V: Dös könnt ich Ihnen momentan nicht sagen, aber des können S' in Meyers Konversationslexikon Band »M« schon herausfinden.

K: Mir ham sogar Meyers Konflimationslexikon dahoam, da schau i heut glei nei, wia dieser edle Erfinder hoaßt. Dem schreib i aba! So an Briaf hat der no net glesn.

V: Regn S' Ihna doch net auf, Frau Meier, schreibn S' dem nicht, der diese Wasserbomben erfunden hat, erstens lebt dieser Mann wahrscheinlich nicht mehr und zweitens hats der ja nur gut gemeint.

K: Was, gut gemeint? Wenn einer so eine grausame Waffe erfindet? Bravo, Sie ham saubere Ansichten.

V: Des verstehn Sie auch wieder nicht, Frau Meier, das ist aber so, das sehn Sie jetzt wieder an der Erfindung der Atombombe, das ist doch eine wunderbare Sach. Diese Erfindung könnt uns den ewigen Frieden bringen.

K: Ja, san denn Sie übergschnappt, Herr Huber. Ham denn Sie in der Zeitung net glesn von der furchtbaren Wirkung, die nur eine Atombombe verursacht? Wenn 1000 Atombomben zur gleichen Zeit losgehn, da wird ja die ganze Welt in Trümmer gelegt und alles Leben von Mensch und Tier erlöschen.

V: Na also, Frau Meier, dann stimmt es doch – da hat uns der Erfinder der schrecklichen Waffe den ewigen Frieden gebracht.

Geht in die Wälder – holt euch Holz

B: Servus, Valentin – wie gehts?

V: Danke – bin zufrieden.

B: Warst du auch dabei?

V: Nein – warst du dabei?

B: Auch nein.

V: Na also.
B: Was machst du im kommenden Winter?
V: Ich friere.
B: Wieso? Hast du keinen Ofen im Zimmer?
V: Ofen schon, aber nur zwei Ster Holz.
B: Na also, dann hast du ja Holz zum Einheizen.
V: Schon, aber wenn ich das Holz einheize, dann verbrennt es – mit was soll ich dann einheizen?
B: Ja, mit Holz.
V: Ich sag dir doch, das Holz heiz ich nicht ein, das spar ich mir für den übernächsten Winter.
B: Aber den nächsten, den kommenden Winter mußt du doch auch heizen.
V: Ja, aber nur wenn's kalt ist.
B: Unsinn! Im Winter ist es doch kalt.
V: Aber nur im Freien, doch nicht in den Wohnungen.
B: Wenn du in der Wohnung nicht heizt, ist es auch kalt.
V: Schon, aber nur, wenn man nicht einheizt.
B: Du sagst doch, daß du nicht einheizen willst, weil du das Holz bis nächsten Winter aufsparen willst.
V: Ja, nur dann, wenn ich im nächsten Winter kein Holz bekomme.
B: Nächsten Winter bekommst du doch Holz genug, weil wir da hoffentlich wieder Kohlen bekommen.
V: Wenn es wieder Kohlen gibt, brauchen wir selbstverständlich kein Holz mehr.
B: Holz mußt du immer im Vorrat haben, im Falle es mit der Kohlenlieferung nicht klappt, dann mußt du in den Wald gehen und dir Holz holen – Brennholz.
V: Was für eines? Buchen- oder Tannenholz?
B: Tannenholz von den Tannenbäumen.
V: An was kennt man die Tannenbäume?
B: An den Blättern.
V: Der Tannenbaum hat doch keine Blätter.

B: Selbstverständlich hat der Blätter. Es heißt doch in dem Volkslied: »O Tannenbaum, o Tannenbaum, wie grün sind deine Blätter.«

V: Ja, nur im Lied hat der Tannenbaum Blätter, aber im Wald draußen hat er Nadeln.

B: Ja, ja, aber man kann doch nicht singen: »O Tannenbaum, o Tannenbaum, wie grün sind deine Nadeln«. – Es ist ja auch egal. Du sollst Tannenholz holen im Wald, daß du eine warme Wohnung bekommst.

V: Meine Meinung ist, daß man auch ohne geheizte Wohnung leben kann, im Freien draußen ist doch auch nicht eingeheizt – die Leute leben auch; wenn man sich warm anzieht, kann einen doch nicht frieren.

B: Aber du kannst doch in der Wohnung zuhause keinen Pelzmantel anziehen.

V: Warum nicht? Die Eskimos machen es doch auch so – die können doch auch nicht in den Wald gehen und können sich Brennholz holen, weil's am Nordpol keine Wälder gibt, sondern nur Schnee und Eis.

B: Was die Eskimos machen, kann uns doch egal sein – wir leben in Europa, und deshalb müssen wir im Winter einheizen.

V: Die Menschen sind eben zu verwöhnt, wer kümmert sich denn um die Tiere im Winter, z. B. um die Vögel?

B: Ja, die Vögel haben am ganzen Körper Federn, und Federn machen warm, und wir Menschen haben leider keine Federn, sondern Haare.

V: Das wäre natürlich vorteilhaft, da müßten wir überall behaart sein wie z. B. ein Hofhund – aber, wenn wir überall behaart wären, dann müßten wir im Sommer furchtbar schwitzen oder nackt rumlaufen; dann bräuchten wir keine Kleider mehr und die Kleiderfrage wäre gelöst.

B: Und die Schneider?

V: Die wären allerdings arbeitslos.

B: Das sind sie sowieso, weil sie keine Kleiderstoffe haben zur Anfertigung von Kleidern.

V: Kleiderstoff haben wir nicht, aber Stickstoff – Sauerstoff – Wasserstoff haben wir.

B: Sie können sich doch keinen Anzug aus Wasserstoff machen lassen.

V: Höchstens einen Taucheranzug – fürs Regenwetter.

B: Wir sind nun wieder ganz vom eigentlichen Thema abgekommen – vom »Holz im Walde holen«.

V: Ja, da muß ich jetzt dazwischen hinein einmal dumm fragen – wenn alle Menschen im Walde Holz abschneiden, dann gibt es bald keinen Baum mehr, wo setzen sich dann die Vögel hin und wo baun sie ihre Nester?

B: Na, a paar Bäume werden schon noch stehen bleiben.

V: Auweh – – dann heißt es auch bei den Vögeln wie zur Zeit bei den Menschen »Näher zusammenrücken!!!«

Zwei Frauen unterhalten sich über die Atombombe (1947)

Huberin: Na, Frau Maier, was sagn jetzt Sie über die neue Atombombe?

Maierin: Ja, de soll ja furchtbar sein.

Huberin: Furchtbar? De soll nicht nur furchtbar sein, das soll das Katastrophalste sein, was je erfunden wurde.

Maierin: Was is denn eigentlich so ein Katastrophal?

Huberin: Ein Katastrophal ist eine Art *Energie,* und wenn die exeplidiert, dann gehts los, dann is de ganz Welt hi.

Maierin: Geht dann die Atombombe los oder die Energie? Wie Sie vorhin gsagt ham.

Huberin: Na, na, der Kern geht los, net der Amtom selber.

Maierin: So, so, nur der Kern – wo is der?

Huberin: Der is innen drin im Amtom, genau wia bei der Zwetschgn, da is aa der Kern innen drin.

Maierin: Ja, stimmt, dös is erst kurz in der Zeitung gstandn von dieser Amtombombenkernzertrümmerung.

Huberin: Ja, ja, des is des, stelln S'Ihna vor, so ein Amtomkern is so klein, daß ma'n net amoi mit dem größtn Fernrohr siecht, und wenn der Kern zertrümmert werd, entstehen daraus lauter noch kleinere Moliküle – de sann no um a Trionstel mal kleiner als wia der winzigste Amtomkern selber.

Maierin: Ja, was is dös – da muaß aber der Arbeiter, der den winzig kloana Amtomkern mitm Hammer zertrümmert, no guate Augn ham.

Huberin: O mei, Frau Maier, in der Filosiwieh lassn Sie hübsch zu wünschn übrig, Sie stelln Eahna diese Zertrümmerung so kindisch vor. Die zertrümmert sich ja selbst, wenn die Amtombombe vom Flugzeug aus hinabwärts auf den Boden fällt.

Maierin: Wenns aber auf an woachn Bodn fällt, in an sogenannten Letten oder Batz oder gar ins Wasser, was nacha?

Huberin: Dann aa.

Maierin: Aa nacha, wenn s' naß werd? Löschts da net aus?

Huberin: A woher, die Atombombe is ja wasserdicht, de werd überhaupts net naß, bis de naß werd, geht s' ja scho los, da is ja die Katastrophe schon explodiert.

Maierin: Ja, wia Sie dös alles wissn.

Huberin: Kunststück! I bin immer auf dem laufenden und noch dazu sehr belesen.

Maierin: Und was is nacha mit den kleinen Maniküren, wia Sie vorher gsagt ham.

Huberin: Maniküren? Sie meinen die Moliküle – dö zreißts aa.

Maierin: Einesteils könnt man sich ärgern, weils solche Sachen erfinden, für an gwöhnlichen Katarrh, da gibts no nix.

Huberin: Ja, ja, Frau Maier, Sie dürfen auch an Katarrh net mit der Amtombombe in Einklang bringen.

Maierin: Na na, des steht mir fern, i moan ja nur.

Huberin: Schaugn S', wenn diese Amtomenergiekernzertrümmerungsmethode einmal zu nützlichen Sachen Verwendung findet, dann ist das doch ein wahrer Segen für uns und für die ganze Menschheit.

Maierin: Ja ja, schon, aber wenn doch vor der nützlichen Verwendung die schädliche Verwendung angewandt wird, dann ist doch nach meiner Ansicht die nützliche Verwendung nicht mehr anwendbar, weil mir doch scho alle hi san.

Huberin: Na, so gfährli werds net wern. Im Krieg hats ja auch gheißen: jede Kugel trifft net, und da ists dasselbe, denn so gnau als wia mit einem Gewehr oder einer Kanone könnas mit der Amtombombe niemals zielen.

Maierin: Ja, i hab ja von all den neuen Erfindungen sehr wenig Kenntnisse, aber i muaß grad so staunen, daß Sie des alles so wissn, Frau Huaber.

Huberin: Mei, Frau Maier, von Ihnen kann man auch das gar nicht verlangen und wie gesagt, ich bin sehr belesen, und außerdem hat mich unser Zimmerherr, der Herr Lorenz, über vieles Technische aufgeklärt. Der Herr Lorenz is nämlich Möbelpacker bei der Speditionsfirma Fey und Falk, und außerdem is er ein tüchtiger Bastler. Der hat vorige Woch' einen Hasenstall gmacht aus lauter alte Kistnbrettln, entzükkend, sag ich Eahna. Ja, jetzt muaß i aber geh, vor lauter Ratschn kriag i sonst koa Milli mehr.

Maierin: Ja, i muaß aa geh, aber interessant war des heit, hoch- und wissenschaftlich, Eahna is grad guat zuzhörn, Frau Huaber, de andern Weiber redn nur allaweil, was soll i den heit kocha, und – vielleicht kriag i doch no an Bezugschein und so weiter.

Huberin: Ja mei, Frau Maier, es gibt halt solche und Gott sei Dank andere aa. Also pfia Gott, Frau Maier –

Maierin: Pfia Gott, Frau Huber!

Der Herr Friedensengel

Ein philosophisches Zwiegespräch

Karl Valentin: Du, jetzt muß ich dumm fragen!

Liesl Karlstadt: Du hast noch nie anders gefragt!

K.V.: Ist der Friedensengel eigentlich männlichen oder weiblichen Geschlechts? – Ich glaub, das ist ein Mann, weil man sagt: der Friedensengel.

L.K.: Natürlich ist er männlich, weil man der Friedensengel sagt; wie der Friedensengel jung war, war es das Friedensengelein.

K.V.: Wie heißt denn der Friedensengel?

L.K.: Ein Engel hat doch keinen Namen.

K.V.: Freilich! Der Engel mit dem Schwert, der als Portier das Paradies bewacht, hat doch Gabriel geheißen.

L.K.: Ja, stimmt!

K.V.: Der alte Engel vor dem Himmelstor, mit dem Schlüssel, hat doch auch einen Namen, der heißt Petrus; dann muß doch der Friedensengel auch einen Namen haben.

L.K.: Stimmt! Wer könnt jetzt dös wissn? Vielleicht der Papst?

K.V.: Da is mir überhaupts vieles nicht klar, mit dem Friedensengel.

L.K.: Wieso?

K.V.: Dem Friedensengel sein himmlisches Geschäft ist nur: Frieden zu stiften.

L.K.: Ja – deshalb heißt er ja Friedensengel. Das Gegenteil von ihm ist der Mars.

K.V.: Ist das auch ein Engel?

L.K.: Nein, das ist ein Gott – der Kriegsgott; der stiftet Krieg.

K.V.: Darf er das tun?

L.K.: Wahrscheinlich!

K.V.: Ist der auch im Himmel?

L.K.: Freilich! Jeder Gott ist im Himmel.

K.V.: Ja, gibt's denn mehrere Gotte?

L.K.: Natürlich, die Götter.
K.V.: Jetzt kenn i mich gar nimmer aus! – Der Kriegsgott und der Friedensengel, die sind alle im Himmel beisammen?
L.K.: Klar!
K.V.: Ja, aber der Kriegsgott, das is doch der, der die Welt immer ins Unglück treibt, mit seinen blutigen Kriegen – der ghört doch, nach meiner Ansicht, in d'Höll nunter, denn das ist doch ein teuflisches Werk, das er betreibt.
L.K.: Dös weiß ich selber nicht! Es kann auch sein, daß der in der Höll drunt is.
K.V.: Ausgeschlossn! In der Höll drunt kann doch kein Gott sein!
L.K.: Ja mei, irgendwo wird er schon sein! – Jetzt fallts mir ein, der wohnt ja am Mars.
K.V.: Wo?
L.K.: Am Mars.
K.V.: Ah – das is der mit dem Raupenhelm und dera spitzigen Lanzn, und der Friedensengel hat einen Palmzweig in der Hand.
L.K.: Ja, die Friedenspalme.
K.V.: Was tut nacha der Friedensengel mit der Friedenspalme?
L.K.: Die schwenkt er, so wie man eine Fahne schwenkt. Und dazu singt er dann: »Friede auf Erden und den Menschen ein Wohlgefallen.«
K.V.: Wann singt er denn das?
L.K.: Nur bei Kriegszeiten!
K.V.: Dann singt er jetzt schon drei Jahr lang: »Friede auf Erden und den Menschen ein Wohlgefallen.«
L.K.: Natürlich!
K.V.: Wie lang muaß er denn dös no singa?
L.K.: Bis Friede is!
K.V.: Wann is denn Frieden?
L.K.: Ja! – Das wissen die Götter!
K.V.: Jetzt san ma schon wieder bei die Götter. – Du hast doch

grad gsagt, der einzige, der den Frieden stiftet, ist der Friedensengel.

L.K.: Mein Gott, du stellst aber auch Fragen, die kein Mensch beantworten kann.

K.V.: Ja, aber gerade die Fragen will ich endlich beantwortet haben. – Ich will auch endlich einmal wissen, wo der Friedensengel umeinanderfliegt, wenn er das Lied singt: »Friede auf Erden und den Menschen ein Wohlgefallen«.

L.K.: Frag doch net so kindisch! Der fliegt doch net in der Luft umher.

K.V.: Nicht? – Ja, für was hat er denn nacha zwei so große goldene Flügel?

L.K.: Ja, als Engel muß er doch Flügel haben – der kann doch net in den Wolken drin z' Fuß gehn – da bleibat er ja stecken.

K.V.: Ja, singt er denn das Lied vom Friede auf Erden usw. in den Wolken drin?

L.K.: Natürlich!

K.V.: Wenn aber ein wolkenloser Himmel ist? Oder eine mondhelle Nacht?

L.K.: Ja – da traut sich der Friedensengel heutzutage nicht mehr über der Erdkugel herumzufliegen – wegen der Flak und den großen Bombern.

K.V.: Ja, auf einen göttlichen Friedensengel darf doch niemand schießen!

L.K.: Ja mei, mir habn halt heute den Luftkrieg, und da is es für jeden, der in das Kampfluftgebiet kommt, eine große Gefahr.

K.V.: Ach – da wird sich der Friedensengel nimmer zu uns auf die Erde runterfliegen trauen.

L.K.: Ach Gott, in Friedenszeiten kann er schon wieder herunterfliegen.

K.V.: In Friedenszeiten? Da brauchen wir ihn nicht mehr.

Szenen

Eine fidele Münchner Stadtratssitzung Anno dazumal

Stadtrat Oberberger: Ich eröffne die heutige Sitzung und heiße Sie alle herzlich willkommen. Es liegen heute ausgerechnet dreizehn Punkte vor, die ihrer Erledigung harren. Und diese dreizehn Punkte will ich Ihnen, meine Herren, zwecks Begutachtung bzw. Genehmigung bei der heutigen Sitzung vorlegen. Ich beginne mit meinen Ausführungen:

Punkt 1 Neupflasterung des Speiselokals unseres Herrn Bürgermeisters.

Punkt 2 Erneuerung des unkündbaren Vertrages des Uhrmachers am Karlstor.

Punkt 3 Impfung sämtlicher Eisenfiguren unserer Denkmäler gegen Verrostung.

Punkt 4 Erhöhung der Hundesteuern von dreißig Mark auf zwanzig Mark.

Punkt 5 Antrag auf Erteilung einer Konzession zur Abhaltung von Jugendspielen, wie – »Schneider, leih mir dei Scher« – »Fürchtet ihr den schwarzen Mann?«

Punkt 6 Neubau einer historischen Schweißtropfensammlung mit Erfrischungsraum der Dienstmann-Institute Münchens.

Punkt 7 einer Entlausungsanstalt der Münchner Lausbuben.

Punkt 8 Das Ersetzen der Petersturm-Musik durch Grammophon oder Lautsprecher.

Punkt 9 Entfernung der Straßenbahnschienen in den verkehrsreichen Straßen der Stadt.

Punkt 10 Verlegung der Auer Dult in den Hofgarten.

Punkt 11 Erlassung eines Verbotes: »Kinder unter acht Jahren dürfen nicht als Mitglieder im Veteranenverein aufgenommen werden.«

Punkt 12 Fällt aus.

Punkt 13 Vorlage zur Genehmigung eines Männergesangvereinerholungsheimes im Zentrum der Stadt.

Nun bin ich mit meinen Ausführungen dieser Ausführungen zu Ende und bitte Sie, zur freien Diskussion übergehen zu wollen. Kollege Stadtrat Huber hat das Wort.

Stadtradt Huber: Meine Herren! Ich sehe in den dreizehn Punkten eine riesige Aufgabe, deren wir in einer einzigen Sitzung nicht gewachsen zu sein scheinen. Ich denke, wir nehmen zuerst den Punkt 13 in die Hände, damit wir wenigstens die Unglückszahl 13 umgangen haben. Mit den anderen zwölf Punkten werden wir dann schon ins klare kommen. Meine Herrn! Punkt 13. Vorlage zur Genehmigung eines Männergesangvereinerholungsheimes im Zentrum der Stadt.

Meine hohen Herrn! Es war vorauszusehen, daß eine konjunktive Resignation aller gegenwärtigen Handelsabkommenschaften mit beschränkter Anzahl eintreten sollte. Obwohl die Ferienkolonie mit Grundbesitzungen allerorts, aus dem Terrain und Trust – Emanzipationen mit Disziplinarstrafen und Verkehranstalten in gegenseitigen Meinungsaustäuschen sich kreuzten.

Es konnte nur seitens der Neuregelung in Packträgerkreisen und Roten-Radler-Instituten keine Einigung erzielt werden. Es sei denn, daß die wirtschaftlichen ökonomischen Bedingungen das einzige Hindernis in der Hemdknöpflindustrie den geplanten Weg sperren würden, so würden sich dennoch mit vereinten Kräften Mittel und Wege finden, die Überproduktion im Zacherlinhandel im Keime zu ersticken und auf dem 45 000 Quadratmeter großen Grundstück des Realitätenbesitzers N. N. ein Männergesangvereinerholungsheim erstehen zu lassen. – Als Amerika im Jahre 1855 die Ausfuhr von gestöckelter Milli auf ein Minimum beschränkte, da war es König Barbarossa der 66., welcher damals dem Erfinder des Zweiräderkarrens den Auermühlbachorden überreichte. Ja, gerade er war es, welcher hinsichtlich der verkürzten

Geschäftsinteressen die prinzipielle Entscheidung in den Abgrund stellte. Großmütig drückte damals der Zitherklub »Gut Klang« seine Meinung gegen alle diese verzweifelten Ansichten aus, und als wahre Wohltat entstanden damals die vielen Bedürfnisanstalten, um die sich die Stadtverwaltung Lorbeeren und herzliche Anerkennungen aus allen Kreisen der Bevölkerung errungen hat. Mit aller Energie griff die Presse um sich und schleuderte seitenlange Artikel gegen das ekelerregende Orangenschalenwerfen auf den Straßen aus, und im Nu war der Christbaumhandel in den Sommermonaten aufgehoben. Der chinesische Armenpflegschaftsrat Tschin Tschin setzte sich mit der Nürnberger Lebkuchenindustrie in Verbindung und bezweckte damit, daß im Prozesse der Römischen Briefmarkensammlungsgesellschaft mit elektrischem Kraftbetrieb gegen die schwedische Turteltaubenzüchterei eine einigermaßen zustande gekommene Einigung erzielt werden konnte.
Die Beiseitelegung des Handelsvertrages mit der sizilianischen Straßenreinigungsaktiengesellschaft, welche mit 120 % des Grund- und Hausbesitzervereins im Kegelklub Alt-Heidelberg eine abermalige Verzinsung der Reichskassakontosteuer zu Allach (Bezirksamt Berlin) in Anrechnung brachte, konnte kraft seines dreihundertjährigen Bestehens des afrikanischen Perlacher Knabenhortes zur nochmaligen Submission herangezogen werden.
Nach meiner Ansicht steht also der Erbauung eines Männergesangvereinerholungsheimes nicht mehr das geringste im Wege, und gebe hiermit das Wort Herrn Stadtrat Westermeier.

Stadtrat Westermeier: Meine Herren! Die Worte meines Vorredners waren Mist! *Pfuirufe.* Niemals soll diese Schundansicht zur Durchführung kommen. *Pfeifen, allgemeines Gemurmel.* Das Übereinkommen des chinesischen Schaukelbudenbesitzers mit der Nürnberger Lebkuchenfabrikationsgesellschaft

ist erbärmliche Lüge!!! *Hört, hört.* Das Kleinhesseloher-See-Geschwader war ja von dem Großhesseloher Kirchweihfest gar nicht eingeweiht. *Lüge – Schiebung.* Das sind ja elende Lausbubengerüchte!!! *Bravo, Bravo – Ha, ha, ha, ha – anhaltendes Hohngelächter.*
Wie konnte Seine Exzellenz der Großkaufmann Plieventans seine Grundbesitzungen zur Erbauung eines Männergesangvereinerholungsheimes reserviert halten – er mußte doch wissen, daß der Grund- und Hausbesitzerverein beim Magistrat, Abteilung für Schmetterlingsammlung, III. Stock, Zimmer Nr. 00, noch gar nicht vorstellig geworden war. *Empörung.*
Wie konnte die Münzenzeltgießerei den Antrag zur Erbauung eines Männergesangvereinerholungsheimes stellen, ohne – nicht den geringsten Einblick in den Laubsägeholzlagerplatz zu haben. Das sind ja direkte Erpressungen. *Ausrufe: Das ist Mumpitz – das ist Humbug.*
Die Anisloabl- und Mohnweckerlkommission hat mit Recht sämtliche Zweiräderkarren des Dienstmanninstitutes konfiszieren lassen, denn gerade durch das Schifferlfahren am Starnberger Bahnhof waren die Geleise derart stark beschädigt, daß das betrügerische Einschränken in und außerhalb der heißen Jahreszeiten im Hofbräuhaus nicht zu-, sondern abnimmt. *Pfui – Gemeinheit – Schluß!!! Hinaus mit dem Kerl!!! – Furchtbarer Tumult. Glockenzeichen* BBBBB*rrrrrr!!!*
Meine Herren! Meiner Ansicht nach steht also der Erbauung eines Männergesangvereinerholungsheimes nichts mehr im Wege, ich schließe die heutige Sitzung mit der Bitte an alle anwesenden Herren Stadträte ...
Auf in den Ratskeller!!!

Eine Schlamperei

Ort und Zeit: ein Gefängnishof in München im Jahre 1700

Femrichter (zum Scharfrichtergehilfen): Schleppe den Delinquenten herbei! *Scharfrichtergehilfe bringt den Delinquenten und gibt ihm Anweisung, sich vor den Richtpflock hinzuknien. Der Delinquent kniet nieder, seine Hände sind ihm auf dem Rücken gefesselt.*

Femrichter (liest die Gerichtsurkunde vor): Ich gebe dem armen Sünder kund und zu wissen, daß der Herzog alleruntertänigst das Gnadengesuch abgelehnt hat und dessenthalben die Todesstrafe an dem Delinquenten sogleich zu vollziehen ist. Nepomuk Hachinger, Dienstknecht dahier, dreiunddreißig Jahre alt, wird heute wegen Wegelagerei und sonstigen Räubereien mit dem Beil vom Leben zum Tode befördert. – Das peinliche Gericht stellt an den Verurteilten noch die letzte Frage, ob er noch einen Wunsch habe. Der letzte Wunsch wird ihm erfüllt. Jawohl!

Delinquent: Mein letzter Wunsch ist, daß man mir die Augen nicht verbindet, weil ich bei meiner Hinrichtung zuschauen möchte.

Femrichter: Na, na – diesen eigenartigen Wunsch kann ich Ihnen leider nicht erfüllen.

Delinquent: Bitte! Sie haben soeben vor zwei Zeugen gesagt, mein letzter Wunsch wird mir erfüllt, und das ist mein letzter Wunsch, daß ich dem Tode ins Auge schaue. Ich bin kein Feigling! Außerdem war es schon längst mein Wunsch, einer Hinrichtung beizuwohnen. Und da habe ich jetzt die beste Gelegenheit.

Femrichter: Wünschen Sie sich das ja nicht! Das ist etwas so Grausiges, das würden Sie Ihr ganzes Leben lang nicht vergessen.

Delinquent: Na, gar so lang wird das Leben nach meiner Hinrichtung nicht mehr dauern! Oder meinen Sie das ewige Leben?

Femrichter: Stellen Sie mir nicht solche Fragen, die ich nicht beantworten kann. – Jedenfalls kann ich nicht gestatten, daß Sie als Delinquent zugleich Zuschauer sein dürfen. *Zum Scharfrichtergehilfen:* Bindet ihm die Binde um!

Scharfrichtergehilfe (bindet ihm die Augen zu): Befehl vollzogen!

Femrichter (zum Scharfrichter, der mit verschränkten Armen und hocherhobenem Kopf unbeweglich neben dem Richtpflock steht): Und wenn das Armesünderglöcklein ertönt, und wenn ich den Stab breche, so erhebe dein Beil und amte deines Waltes, ah, Verzeihung, und walte deines Amtes. *Der Delinquent lacht laut, weil sich der Femrichter versprochen hat.* Es ist pietätlos von Ihnen, eine Sekunde vor Ihrem Tode noch zu lachen.

Delinquent: Aber hoher Gerichtshof, das Sprichwort heißt doch: Wer zuletzt lacht, lacht am besten.

Femrichter: Du wirst bald ausgelacht haben! *Zum Scharfrichter:* Was ist los? Trenne dem frechen Gesellen den Kopf vom Rumpfe.

Scharfrichter: Der Gehilfe ist noch nicht da, ich habe ihm befohlen, das Beil zu holen – er bleibt so lange aus. *Der Scharfrichtergehilfe eilt aufgeregt herbei und flüstert dem Scharfrichter etwas ins Ohr und geht wieder ab.*

Scharfrichter: Das ist doch eine Schlamperei!

Femrichter: Was ist los?

Scharfrichter: Der Gehilfe findet das Beil nicht.

Femrichter: Ah, ah, ah! Das ist ja nicht zu glauben! Das ist ja eine furchtbare Schlamperei!

Scharfrichter: Bei der letzten Hinrichtung vor zwei Jahren hab ich's in die Kammer hineingetan, und jetzt ist es nicht mehr da.

Femrichter: Aber soviel ich weiß, sind doch zwei Richtbeile da.

Scharfrichter: Wir haben schon zwei, aber das alte ist unmöglich. Das ist vollständig verrostet; da könnte der Geköpfte nach der Hinrichtung die schönste Infektion bekommen. Das wär eine riskante Sache.

Delinquent: Ja, wie lang muß ich denn jetzt noch warten? Mir tun schon die Knie weh von dem langen Kniegeln.

Femrichter: Stehen S' doch einstweilen auf, bis wir das Beil gefunden haben. *Der Scharfrichtergehilfe nimmt dem Delinquenten die Augenbinde ab, macht die Handfesseln los und bietet ihm einen Stuhl an.*

Delinquent: Bin so frei! *Er setzt sich.*

Femrichter: Das ist aber jetzt eine peinliche Sache. Sie entschuldigen schon, daß das gerade bei Ihnen vorkommen muß.

Delinquent: Kann ma nix machen. Schicksal!

Scharfrichtergehilfe (kommt zurück): Ich hab jetzt überall rumgsucht, ich kann das Beil nicht finden.

Femrichter (zum Delinquenten): Des is aber wirklich a große Schlamperei! So was soll wirklich nicht vorkommen!

Delinquent: Des is noch lang net das Schlimmste, wenn das Beil net da is. Viel peinlicher wär's, wenn ich mein Kopf net dabei hätt.

Femrichter: Ich verstehe nicht, daß Sie in dieser traurigen Situation noch Witze machen!

Delinquent: Ja, Herr Femrichter, das ist der richtige Galgenhumor.

Femrichter: Galgenhumor! Ah! Jetzt bringen Sie mich auf eine gute Idee! Wenn wir Sie schon nicht köpfen können, weil das Beil nicht zu finden ist, so hängen wir Sie auf den Galgen.

Delinquent: Ausgeschlossen! In meinem Urteil hab ich es schwarz auf weiß: Enthauptung. Ich bestehe darauf, daß ich geköpft werde, und zwar sofort. Jetzt bin ich schon amal da, und Abschied hab ich auch schon gnommen von meine Angehörigen – also los!! Runter mit'n Kopf! Scheißt's net so lang rum!

Femrichter: Wie man nur so eigensinnig sein kann!

Delinquent: Wenn ihr schon so gschlampert seid und euer Beil net findt, des wo die Hauptsach is von der Hinrichtung, dann kann auch ich eigensinnig sein.

Femrichter: Aber es gibt einen Ausweg. Wir könnten doch die Hinrichtung auf acht Tage verschieben. In acht Tagen wird das Beil doch in Gottes Namen zum Vorschein kommen.

Delinquent: Wissen S' was, Herr Femrichter, was heißt, meine Hinrichtung auf acht Tage verschieben? Wenn Sie mich überhaupt nicht köpfen und schenken mir wieder die Freiheit, dann sag ich niemandem etwas von der Schlamperei mit dem verlorenen Beil.

Femrichter: Also gut! Schaun S', daß S' weiterkomma, aber – 's Maul halten!

Die Raubritter vor München

(6. Szene)

Fuhrmann: Ja, ich kann euch gar nicht verstehen, ihr trinkt da in aller Gemütsruhe an Kaffee, und eine Stunde außerhalb München ist alles in größter Aufregung. D' Raubritter stehn vor der Stadt in Berg am Laim.

Bene: Und?

Fuhrmann: Was – und?

Bene: Ja – und?

Fuhrmann: Und wolln heut no die Stadt überfalln!

Bene: Was für a Stadt?

Michl: Ja unser Stadt halt!

Bene: Die ghört ja gar net uns!

Michl: Dir allein freilich net!

Fuhrmann: Ja, redt's doch net gar so saudumm daher. Ich mein, du als Posten mußt jetzt sofort die nötigen Maßregeln ergreifen. Ihr habt's ja gar keine Ahnung, wie's da draußen in Berg am Laim ausschaut.

Bene: Ja, wir warn auch net draußen.

Fuhrmann: Also Leut, ich sag euch, zugehn tut's da draußen, net zum Beschreiben. Wie ich heut in der Früh um halb vier Uhr in Ramersdorf meine Roß einspann, seh ich schon, daß alle Häuser brennen und d' Felder und d' Wälder in Flammen stehn. Menschen sind umeinandergelaufen und schreien mir zu: »In Berg am Laim sind Raubritter, die stehlen, morden, rauben, plündern, bringen alle Leut um«, und wie ich in Berg am Laim neinfahre, hab ich die Raubritter selber gsehn. Das sind ganz unheimliche Gselln, alle haben so blecherne Gwander und an blechernen Hut auf, und so große Bärt ham s', und d' Augen stehen ihnen so weit raus, also direkt zum Fürchten. Ja und das Vieh lauf frei umanand, das kennt sich gar nimmer aus.

Bene: Aah –

Fuhrmann: Und an Bürgermeister von Berg am Laim solln s' scho aufghängt ham.

Bene: Aah –

Fuhrmann: Also, ich sag euch, ihr dürft mir glauben, ich bin halt grad noch mit'm nackaten Leben davonkommen.

Michl: Ja, warst du nackat in Berg am Laim?

Fuhrmann: Nein, aber erwischt hätten s' mich bald. Wie mich d' Raubritter gsehng habn, da san s' auf meine Roß zua, ich hab aber sofort mei Peitschn gnomma, hab auszogn, hab neighaut ... *Er läßt die Peitsche knallen, wobei er den Michl trifft. Michl stößt den Bene, der dabei seine Milch verschüttet.* Also, Posten – *Er haut ihm mit der Hand auf das Milchhaferl.*

Michl: Der war schuld.

Fuhrmann: In der Aufregung kommt so was schon vor. Also, Posten, tu gleich Alarm blasen, trommel die ganzen Soldaten heraus, sperr die Stadttore zu; kümmer dich um alles, gsagt hab ich's dir!

Bene: Ja, des is alles ganz recht, aber ich darf in der Angelegenheit gar nichts unternehmen.

Fuhrmann: Wieso?

Michl: Der Bene meint, ohne daß der Hauptmann etwas anschafft, darf er nichts unternehmen.

Fuhrmann: Das ist ja ein Schmarrn, wer soll s' denn sonst zusperrn, du hast doch den Schlüssel als Posten!

Michl: Ja, zusperrn tut er scho, aber erst um neun Uhr abends.

Fuhrmann: Ja, da ist es aber schon zu spät, bis dahin sind ja die Raubritter schon da!

Michl: De solln halt langsamer gehn.

Fuhrmann: Ja, seid's denn ihr narrisch?

Bene: Das wissen wir nicht!

Fuhrmann: Für was stehst denn du auf Wachtposten?

Bene: Ich geh mit mein Säbel auf und ab, wenn's regnet, gehe ich ins Schilderhäusl nein, und auf d' Nacht um neun Uhr sperr i zua – und was muaß ich noch toa?

Michl: Und wenn's schön ist, geht er wieder raus aus'm Häusl!

Fuhrmann (fragt Michl): Was tust denn nachher du?

Michl: Ja, ich muß dem Bene das Sach holn! Und manchmal muß ich auch trommeln, wann's brennt!

Bene: Wenn's brennt, des sieht der Turmwächter, der schreit's uns runter mit'm Sprachrohr, dann trommelt der Michl, dann komma d' Leut und fragn, wo's brennt, und dann sagn's eahna mir, und dann löschen s' – – – wenn's no brennt!

Michl: Ja, und ich muaß aber no was toa, i muaß immer schauen, wenn eine Hofequipage kommt oder ein General vorbeigeht, dann muß ich es dem Bene sagn, damit der Bene die Wach rausläutet, weil er meistens schlaft.

Bene: Ja, das ist das einzige, was in meiner Macht steht, die Wach rausläuten, das kann ich dir zeigen. *Er geht zur Glocke und zieht daran – a tempo kommt die Wache heraus mit der Musik.*

Korporal (kommandiert): Stillgestanden! – Präsentiert das Gewehr! *Die Musik spielt dazu den Präsentiermarsch. Er kommandiert:* Gewehr bei Fuß! – Ab Tritt! *Die Wache zieht wieder ab.*

Fuhrmann: Ja, das ist ja ganz recht und schön. Du mußt doch eine militärische Aktion treffen. Das hat doch gar keinen Wert, wenn da die Musik rauskommt und spielt da Täterätätä.

Michl: Ah! D' Musik – hast du d' Soldaten gar net gsehng? Geh, zieh noch mal an! *Bene zieht an der Glocke, die Wache tritt zum zweiten Mal heraus. Einer der Wachsoldaten trägt eine Fahne mit heraus.*

Fuhrmann: Ja, was nützt denn des, wenn de da rauslaufen, da muß doch jetzt was unternommen werden.

Michl: Ja, das hat der Bene nur gmacht, weil du gmeint hast, der Bene hat sonst koa Macht. An der Glocken darf nur der Bene anziehn.

Bene: Natürlich, da kann ich läuten, sooft ich will, die Wach muß raus, und wenn ich hundertmal anziehe. Paß auf! *Er zieht noch einmal an der Glocke – die Wache zieht zum dritten Mal auf.*

Fuhrmann: Ihr seid doch die zwei größten Rindviecher, die ich gsehn hab. Von mir aus fressen euch die Raubritter mit Haut und Haar. Ich hab meine Pflicht getan, jetzt geht's mich nichts mehr an.

Bene: Und ich hab auch mein möglichstes getan, und mehr wie da anziehn kann ich net. *Er zieht wieder an – die Wache kommt zum vierten Male. Der Korporal stößt den Fuhrmann beiseite, der Fuhrmann entfernt sich schimpfend unter Peitschenknall und Pferdegetrappel. – Die Wache geht ebenfalls schimpfend ab, der Korporal bleibt stehen.*

Korporal: Was is denn des für a damische Läuterei, da is's ja gscheiter, wir bleibn glei heraus. Wer war denn da?

Bene: Der Milchmann war da!

Korporal: So – und wegen dem läutst du uns raus? Da hört sich doch alles auf! Noch einmal wenn mir das vorkommt!

Bene: Ich kann anziehn, sooft ich mag, und wenn ich anziehe, dann müßt ihr rauskommen.

Korporal: Ja, aber nur wenn eine Obrigkeit kommt, sonst nicht. So eine Frechheit! Wenn's wieder vorkommt, sag ich's dem Hauptmann. So a Lauferei in aller Früh, in nüchtern Magn nei, is a so ungesund. *Er geht verärgert ab.*

Artikel

Vom eigenen Willen (1944)

In 6 Tagen hat Gott, der große Baumeister, die Welt erschaffen, aber ohne Häuser. Letztere wurden durch die kleinen Baumeister geschaffen, aber nicht in 6 Tagen, sondern in wieder vielen Tausenden von Jahren. Dann veranstalteten die Menschen Kriege, und die Wohnstätten wurden zerschossen oder verbrannt. Dann baute man wieder neue, aber festere Häuser. Die zerschoß man beim nächsten Krieg auch wieder, und so ging das weiter bis zum heutigen Tag. Die Baumeister sammelten aber in der langen Zeit Erfahrungen und bauten die neuen Wohnstätten aus Eisenbeton. Aber auch diese Beton- und Stahlbauten fielen durch die neuen, modernen Kriegswaffen zusammen wie Kartenhäuser. Weil es aber immer und immer wieder heißt, solange es Menschen gibt, sind Kriege unvermeidlich, nun wissen die Baumeister nicht mehr, was man in Zukunft für Häuser bauen soll. Gar keine Häuser mehr bauen wäre für die Zukunft am sichersten, denn keine Häuser könnte man nicht mehr umschießen. Aber die Menschen brauchen doch nach jedem Kriege wieder Wohnungen, und da kamen nun alle Baumeister der Welt zu der einzigen richtigen Lösung, die Wohnstätten unterirdisch, also mindestens 20 Meter unter der Erdoberfläche einzurichten.

Stellen Sie sich nach dieser Art Berlin vor. Was würde da oben in Berlin für eine Bewegungsfreiheit für alle Fahrzeuge, Autos, Radfahrer usw. Kein Verkehrschutzmann mehr nötig. Alle weiteren Vorteile und Mißstände kann sich der Leser selbst ausdenken. 20 Meter unterirdisch – können auch während des Krieges Tag und Nacht alle Räume beleuchtet sein – Fenster braucht man nicht verdunkeln, weil es unten keine Fenster mehr gibt. – Im jetzigen Krieg – sofortige Verdunkelung – aus ist es mit der Herrlichkeit, oder besser gesagt – Helligkeit – Hunderte von Jahren haben sich die Erfinder das Hirn zermartert, wie man Städte taghell beleuchten kann – endlich ist es gelungen – Bums!, kommt der Krieg – Licht aus! Fast über der ganzen Welt herrscht wieder Finsternis, vor der Erschaffung der Welt war es auch finster, nur der Geist Gottes schwebte über den Wassern. Und Gott sprach: »Es werde Licht!« Und es ward Licht. Würde der liebe Gott dieselben Worte heute sagen, würde er sich wegen Verdunklungsvorschriften strafbar machen. Da aber der liebe Gott wie jeder König und Kaiser über den irdischen Gesetzen steht, könnte er es riskieren. Daß er sich nicht streng an die Verdunklungsvorschriften hält, sieht man schon daraus, daß er zeitweise den Vollmond scheinen läßt. Als Herrgott könnte er ja sogar in der Nacht die Sonne scheinen lassen, aber er will den astronomischen Wissenschaften keinen Strich durch die Rechnung machen.

Klar ist, daß sich der liebe Gott über vieles ärgert, was die Menschen alles für dummes Zeug treiben auf der Welt, die er so schön gestaltet hat. Schauen Sie sich nur einmal in München den schönen Englischen Garten an, wie der ausschaut. Zwanzig Meter hohe Bäume liegen von Bomben zerfetzt wirr durcheinander. Wie kommen die Menschen dazu, dem Herrgott seine Sachen so zu zerstören. Wir Menschen sollen uns doch über die herrlichen Bäume freuen und wenn wir Holz brauchen, erlaubt er uns sogar die Bäume abzuschneiden, damit wir im Winter Holz zum Einheizen bekommen. Aber »Forstfrevel« brauchen wir doch nicht treiben mit dem Eigentum vom lieben Gott. Aber das alles sind Ausweitungen des Krieges. Aber warum sind die Menschen so böse aufeinander und führen immer wieder gegenseitig Krieg? In der Bibel steht geschrieben: »Gott schuf den Menschen nach seinem Ebenbild.« Nun also! Dann müßten wir Menschen doch alle gut sein, denn Gott heißt doch gut. Hierauf erwidert der christliche Glaube: »Gott gab den Menschen den freien Willen.« Das war ein Fehler.

Das hätte Gott nicht tun sollen, und deshalb tut nun jeder, was er will. Und jetzt ärgert sich der liebe Gott darüber, aber schuld ist er selber. Wie wäre es schön auf der Welt, wenn jeder

Mensch keinen freien Willen hätte und nur das tun würde, was der liebe Gott will. Die Menschen, die dann Krieg führen wollten, könnten das nicht mehr tun, weil Gott gegen den Krieg ist, was aus dem himmlischen Zitat »Ehre sei Gott in der Höhe und Friede den Menschen auf Erden« deutlich hervorgeht. Die Frage bleibt demnach offen, ob Gott wirklich dem Menschen einen freien Willen gegeben hat. Zu was für einer Zeit muß denn das gewesen sein? Doch nur bei der Erschaffung der ersten Menschen, also im Paradies bei Adam und Eva, denn mit diesen beiden hat der liebe Gott persönlich verhandelt. Und nun sind wir wieder bei dem alten Thema, bei der historischen »Apfelbeißerei«. Hier sprach Gott: »Von allen Bäumen im Garten dürft ihr essen, nur nicht von dem Baum mitten im Garten.« Aber ausgerechnet von diesem Baum wollten die ersten Menschen essen. Also hier nimmt man an, daß der Ursprung vom freien Willen zu suchen ist. – Nach alten Urkunden soll die Eva die Triebfeder gewesen sein, denn sie wollte und der Adam wollte auch. Das war ein fortwährendes Hin und Her, sollten sie oder sollten sie nicht in den verbotenen Apfel beißen. Da machte der liebe Gott der Streiterei ein Ende und sprach: »Ich gebe euch nun den freien Willen, dann kann jeder von euch beiden tun, was er will.« Das haben natürlich beide sofort ausgenützt und beide haben das Verbot überschritten und haben mithin gewollt. Dieser freie Wille hat sich dann fortgepflanzt bis zum heutigen Tage, denn daß wir alle von Adam und Eva abstammen, dürfte heute niemand mehr bezweifeln. Hätten Adam und Eva damals keinen freien Willen gehabt, hätten sie nicht von dem verbotenen Baume gegessen und hätten sich nicht fortpflanzen können. Die beiden wären ohne Nachkommen gestorben und die Welt wäre heute noch ohne Menschen. Ohne Menschen gäbe es auch keine Kriege. – Also, wer trägt die Schuld an allen Kriegen? Die ersten Menschen, Adam und Eva, nur wegen einem Apfel. Also: »Nieder mit den Äpfeln! Nieder mit dem freien Willen.«

Erster und letzter Krieg (1946)

Seit es Menschen gibt, gibt es Kriege, sagte irgendeinmal einst wer, dann müssen also Adam und Eva im Paradies mitsammen Krieg geführt haben, denn das waren die ersten Menschen. Wahrscheinlich hat es außer der blöden »Apfelbeißerei« bei diesen beiden sowieso nicht ganz gestimmt. Und die zwei haben es doch so schön gehabt im Paradies, das reinste Paradies, dieses Paradies. Warum haben die beiden nicht im Frieden gelebt? Weil sie nicht zufrieden waren – – der Adam hat gsagt: »Das Paradies gehört mir – –«, und die Eva hat gsagt: »Mir ghörts!« Jeder von den zweien wollte regieren. Schon war der Friede gestört. – Also: – Krieg! – Ob einer gegen einen, oder Millionen gegen Millionen – Krieg ist Krieg. Also, Adam und Eva, die Erfinder des Krieges. – – – Warum haben die beiden nicht den ewigen Frieden erfunden? Vielleicht war den beiden der Friede zu langweilig – also: Krieg! Das war natürlich nur ein winziger Krieg gegen die später kommenden.

Die zwei haben sich damals wahrscheinlich nur mit Kokosnüssen beworfen, denn Ferngeschütze gab es damals noch nicht, hätten auch keinen Sinn gehabt, weil beide immer zu nah aneinander gestanden sind, denn man weiß heute noch nicht einmal, wieviel Tagwerk das Paradies groß war. Nun haben aber, bekanntlich, Adam und Eva zwei Kinder bekommen, den Max und den Moritz – Verzeihung! – Ich wollte sagen, den Kain und den Abel. Daß sich diese beiden gegenseitig nicht riechen konnten, geht schon daraus hervor, daß der Kain den Abel erschlagen hat – und warum hat er ihn erschlagen – sehr einfach – er hätte ihn vielleicht erschossen, wenn es damals schon ein Gewehr gegeben hätte, es hat aber keines gegeben, und hätte es eines gegeben, hätte er nicht schießen können, weil es noch keine Munition gab, denn das Pulver wurde erst viele tausend Jahre später durch Berchtold Schwarz erfunden. – Solange hätte natürlich der Herr Kain mit seinem ungeladenen Gewehr niemals warten können, weil der Abel inzwischen an Altersschwäche sowieso gestorben wäre.

Warum hat eigentlich der Kain den Abel erschlagen? – – Sein Vater, also der Adam, hat zu seinen zwei Söhnen gesagt: »So, Abel, du übernimmst jetzt im Paradies die Landwirtschaft, die Ökonomie, tust fleißig ackern, säen und mähen, und du, Kain, übernimmst das kaufmännische Fach, lernst nebenbei Stenographie und Schreibmaschine und vertreibst dann die Landesfrüchte, damit Geld ins Haus kommt!«

Der Kain war aber von Haus aus etwas müde – erblich belastet vom Vater –, kein Freund der Arbeit und haßte seinen Bruder Abel deshalb, weil dieser die Arbeit liebte. Abel war brav und Kain war böse. – Schon sind beide Brüder auf Kriegsfuß gestanden, es folgte eine kleine Schlacht im Nahkampf. Beide hatten noch keine militärische Ausbildung genossen, und mit einem gewöhnlichen Prügel aus prima Eichenholz hat Kain seinen Bruder Abel getötet. – Kain hatte gesiegt. – Um dem Kriegsgericht nicht in die Hände zu fallen, verließ Kain meuchlings das Paradies, zog in die weite Welt hinaus und mit der Herrlichkeit war's – aus, denn er heiratete dann.

Er bekam Kinder, die Kinder heirateten später auch, bekamen auch Kinder – – diese Auchkinder bekamen auch wieder Kinder und so ging die Kinderei weiter bis zum heutigen Tage. Die männlichen Kinder, und zwar alle, die das zwanzigste Lebensjahr erreicht hatten, mußten bis 1938 zum Militär und wurden Kämpfer des letzten Weltkrieges bis 1946. – – – Der erste Krieg war also vor 7000 Jahren und der letzte 1946 (hoffentlich!!). Kain war also der erste Kriegsverbrecher auf Erden, und hätte es damals schon ein Nürnberg gegeben, müßte er heute genauso zur Verantwortung herangezogen werden wie seine Nachfolger des letzten Krieges.

Brief über politische Kunst

Karl Valentin
Telefon 25 599

München, den 24. Februar 1939
Mariannenpl. 4/II

Sehr geehrte Schriftleitung!

Humoristen haben es nicht leicht! Zur gegenwärtigen humoristischen Lage kann man nicht gut sagen, sondern man muß sagen, zur gegenwärtigen Lage der Humoristen in Deutschland will ich der Schriftleitung nur mein öffentliches Auftreten von 1908 bis heute ganz kurz schildern. Jeder kann und soll sich dann selbst sein Urteil darüber machen.

Seit 1908 trete ich mit Ausnahme einiger Gastspielreisen in Berlin, der Schweiz und Österreich nur in München auf, teils in Singspielhallen, Kabaretts, Varietés etc. Seit 31 Jahren hatte ich noch nie einen Konflikt mit der Polizei. Man konnte ihn auch unmöglich haben, denn alles, was man auf der Bühne dem Publikum vortragen wollte, mußte zuerst der Polizei vorgelegt werden. Nach einigen Tagen bekam man das Textbuch wieder zurück mit dem Stempel: »Bis auf rot Durchstrichenes zum öffentlichen Vortrag genehmigt.« Diejenigen Komiker und Humoristen, die es trotzdem wagten, das Durchstrichene zu bringen, machten sich strafbar und bei öfteren Wiederholungen wurde ihnen der Erlaubnisschein zur Ausübung ihres Bühnenschaffens entzogen. Nun aber war die Sache früher einfacher mit den sogenannten Varietéhumoristen, welche so um 1880–1914 in den Varietés engagiert waren, wie der Humorist Otto Reutter, Karl Maxstadt etc. etc. Die hatten ihr festes Programm, einen Prosavortrag und anschließend 5–6 Couplets. Diese zensierten Couplets trugen sie in jeder deutschen Großstadt bei einem 14tägigen oder monatlichen Gastspiel vor. Diese großen Humoristen arbeiteten ja auch aktuell, und alle Tagesereignisse, auch politischer Art, brachten sie in wirksamer Weise auf die Bühne, aber *nicht*, bevor sie zensiert waren.

Ja, das ging damals, aber heute verlangt man von einem modernen Humoristen keinen Coupletgesang mehr, sondern der moderne Humorist muß heute als lebendiges Programm fungieren und im Stegreif die folgenden Nummern conferieren oder ansagen, und er heißt auch nicht mehr Humorist, sondern Conferencier oder Ansager. Der Humorist von früher betrat die Bühne mit einem fertigen, ausgewählten, *auswendig* gelernten und *zensierten* Vortragsprogramm. Der heutige Ansager betritt, außer mit einigen Begrüßungsformeln, die er sich zurechtgelegt hat, ohne Programm die Bühne und muß sich erst aus dem Zuschauerraum und aus den Vorträgen und Schaunummern der Artisten seinen Stoff holen, welchen er dann witzig und dezent zu einer Conference verarbeitet. Sagen wir zum Beispiel, es passiert ihm das Malheur, daß während seines Vortrags im Varieté ein Kurzschluß entsteht, so ist dieser Ansager verpflichtet, im Finstern so lange das Publikum über diesen im Moment eingetretenen Kurzschluß zu unterhalten, bis derselbe wieder behoben ist. Also ein wahrer Conferencier muß nicht nur einen schwarzen Frack, sondern auch Geist und Humor besitzen, und das mit einer polizeilichen Zensur zu machen, wäre in diesem Falle nicht möglich, denn da müßte ja der Kurzschluß mindestens 8 Tage vorher dem Conferencier gemeldet werden, damit er sich einen Text schreiben und denselben polizeilich zensieren lassen könnte etc. etc. Aber ich will hier nicht witzig werden, ich meine ja nur.

Jetzt die Politik und der Patriotismus auf der Bühne. Gehören diese zwei Begriffe auf die Bühne oder gehören sie nicht auf die Bühne? Darüber gehen die Meinungen seit Jahrzehnten auseinander, und ich kann nur von meinen Erfahrungen aus sprechen, daß ich bis 1933 nicht das geringste von Politik oder Patriotismus brachte. Ich habe noch nie in meiner ganzen Bühnenlaufbahn das Thema Bayern und Preußen berührt, und zur Beglaubigung meiner Erklärung kann ich versichern, daß ich alle meine nahezu 500 Couplets heute und in vielleicht

20–30 Jahren noch singen könnte, so unaktuell habe ich immer auf der Bühne gearbeitet. »Raubritter vor München« und »Ein Sonntag in der Rosenau«: diese beiden Stücke sind an keine Zeit gebunden, dieselben sind nur humorvoll, und der Humor bleibt ewig, solange es Menschen gibt. Und jetzt bin ich an der richtigen Stelle angelangt. 30 Jahre lang habe ich mich an mein striktes, neutrales Programm gehalten, da kam das Publikum und gab mir gute Ratschläge: »Sie müssen auch etwas über die jetzige Zeit bringen.« Der Wunsch des Publikums war mir Befehl, dachte ich mir, und schweren Herzens entschloß ich mich nun, zusammen mit meiner Partnerin Liesl Karlstadt in meinen Stücken aktuelle Einwürfe zu machen. Bei meiner harmlosen Komödie »Im Senderaum« sagte ich zu der Sendeleiterin Liesl Karlstadt: »Ich würde gerne bei dem Hörspiel die Geräusche machen, aber muß ich denn da nicht bei einer Fachschaft sein?« Bei dem Wort »Fachschaft« dröhnte das Haus, mit den Füßen wurde gestampft, Bravo geschrien, einige erhoben sich von ihren Sitzen im Parkett und schrien mir zu: »Wunderbar!« Der Applaus wollte hier wirklich kein Ende nehmen und wir mußten mit Gesten und Gebärden andeuten, daß wir weiter sprechen wollten. Als ich aber bei dem Streit »Schneewittchen und die 6 Zwerge – Schneewittchen und die 7 Zwerge – 6 Zwerge – 7 Zwerge – ja, 7 Zwerge hat das Märchen geheißen, aber einer von den sieben ist ja kürzlich gestorben. – Wieso? – Ja, ganz plötzlich, der hat sich die neue Mustersiedlung angeschaut in Ramersdorf, da hat ihn der Schlag getroffen«. Hierauf folgte kein Lachen, denn das war nur mehr ein Geschrei. Wir konnten die Komödie nicht mehr richtig zu Ende spielen, denn die eineinhalbtausend Menschen waren nicht mehr zu beruhigen. Sie lachten unaufhörlich weiter. – – Anläßlich eines darauf folgenden Gastspieles in Berlin, im Kabarett der Komiker, war der Erfolg mit demselben Stück noch größer; hohe Persönlichkeiten der Partei waren täglich Gäste und amüsierten sich köstlich über diese politischen Einwürfe, und als mich

Herr Professor Heinrich Hofmann in Berlin besuchte und mir mitteilte, daß auch der Frankenführer Herr Julius Streicher heute abend ins Kabarett der Komiker kommt, da fragte ich ihn vorsichtshalber, ob ich das von der Fachschaft und von der Mustersiedlung bringen soll, worauf mir Herr Professor Hofmann erwiderte: »Selbstverständlich.« Ich habe auch niemals eine Mahnung bekommen, daß ich diese Bemerkungen unterlassen solle. Bei K. d. F.-Vorstellungen immer der gleiche Erfolg. – –

– – – Aber – – seitdem nun im Hause des Humors Feuer ausgebrochen ist, habe ich das Sprichwort »Schuster bleib bei deinen Leisten« ausgepackt und die politischen Witze für immer eingepackt, denn man weiß ja ganz genau, daß kein Mensch über das Wort »Fachschaft« lacht, wenn es nicht einen anderen Hintergrund hätte. Hätte je einer aus dem Publikum gelacht, wenn ich statt »Fachschaft« »Innung« »Zunft« oder »Genossenschaft«, wie es früher geheißen hat, gesagt hätte! – Hätte je einer gelacht, wenn ich statt »Mustersiedlung« »Villenkolonie« gesagt hätte! Wenn ein Publikum (und das ist jetzt das Wichtigste an der Sache) gleich etwas ablehnt, was ihm nicht paßt, und statt daß es lacht, pfeift und »pfui« schreit, so wird sich jeder Humorist hüten, das nächstemal diese ausgepfiffenen Witze zu wiederholen. Die betreffenden Berliner Humoristen haben ihre Strafe bekommen – – – und das Publikum?? – – – wurde freigesprochen.

Karl Valentin

Nachwort

Bertolt Brecht bezeichnete 1922 Karl Valentin als »eine der eindringlichsten geistigen Figuren der Zeit«. Es mag überraschen, daß von einem »geistigen« Künstler und Zeitgenossen die Rede ist. Die Einschätzung Valentins durch Brecht wird in zunehmendem Maße gestützt durch die Auswertung des Nachlasses dieses Münchner Sprachclowns. Auch der vorliegende Band, der erstmals seine wichtigsten politischen Texte zusammenstellt, macht deutlich, daß Valentin durchaus die Zeichen der Zeit zu lesen wußte, daß er mit seiner Komik gegen die leere politische Rhetorik, gegen die Verschleierungen der Herrschenden und gegen den Machtmißbrauch anschrieb. Zuweilen nimmt eine Groteske subversive Züge an; so bei seinem berühmten Vorschlag, wie man in Kriegszeiten Benzin sparen könnte: »Es ist kein Wunder, daß im Krieg überall so ein Benzinmangel herrscht. Die Deutschen steigen auf mit ihren Flugzeugen, fliegen den ganzen Weg bis nach England, und dort schmeißen sie ihre Bomben hinunter und zertrümmern die Häuser. Dann steigen die Engländer mit ihren Flugzeugen auf, fliegen den ganzen Weg nach Deutschland, schmeißen ihre Bomben und zertrümmern die deutschen Städte. Kein Wunder, daß man dabei soviel Benzin verbraucht. Viel Benzin würde gespart, wenn die Deutschen aufsteigen täten und mit ihren Bomben ihre eigenen Städte zertrümmern würden, und die Engländer über England aufsteigen täten und ihrerseits ihre Städte selber zerbomben täten. Wieviel Benzin würde da gespart werden! Und das Resultat wäre dasselbe.« Dieser Text ist charakteristisch für das Verfahren von Valentins politischer Komik. Durch die sachliche, pragmatische Argumentation entsteht eine Verfremdung, die auf die reale Absurdität des Krieges verweist. Vernunft und Humanität scheinen nur noch in der Verkehrung des Grotesken auf.

Das thematische Zentrum der politischen Sketche von Karl Valentin bilden die Fragen nach den Ursachen von Kriegen und nach den Bedingungen des ewigen Friedens. Er kann sich mit der fatalistischen

Begründung – solange es Menschen gibt, solange wird es auch Kriege geben – nicht abfinden. In »Karl Valentin und die Weltpolitik« und »Vater und Sohn über den Krieg« ist die natürliche Erklärung von Aggression und Gewalt aus der menschlichen Disposition Anlaß, auf Abhilfe zu sinnen. Im erstgenannten Text kritisiert er das Versagen der internationalen Organisationen bei der Kriegsvermeidung und schlägt große Sportfeste als Ersatzkriege vor, bei denen statt Blut nur Schweiß fließen wird. Dabei hebt er die politische Funktion des Sports bewußt hervor; der tiefenpsychologische Zusammenhang von mangelnder Motorik und Aggression wird mitnotiert.

Der Dialog zwischen Vater und Sohn nennt als Kriegsursache die List, den »Schwindel« des »internationalen Kapitalismus«. Die Arbeitslosigkeit werde vorsätzlich herbeigeführt, bis die verelendeten Arbeitermassen froh sind, ihr Brot in den Rüstungsfabriken verdienen zu dürfen. »Es wird künstlich eine Arbeitslosigkeit erzeugt – wenn die Arbeitslosigkeit nach einigen Jahren den Höhepunkt erreicht hat, steht schon im Hintergrund der Krieg.« Dagegen wird die weltweite Solidarität der Arbeiterschaft gegen jede Kriegstreiberei und die Verweigerung bei der Waffenproduktion gesetzt. »Ich allein kann doch nicht streiken – wenn schon, dann müssen alle Arbeiter der ganzen Welt sofort in den Streik treten und keine Waffen mehr machen, dann wäre gleich Schluß mit den unseligen Kriegen.« Dies wäre dann der Beginn des ewigen Friedens, der aber nie anbrechen wird, weil sich die Arbeiter der Welt nie einigen können. So lautet das pessimistische Fazit des Dialogs.

Valentin bezieht damit eine Position, die 1914 vor Ausbruch des Ersten Weltkriegs international von Sozialisten vertreten worden war. In Deutschland führte dies bei der Bewilligung von Kriegskrediten zur Spaltung der Sozialdemokratie. In Frankreich mußte Jean Jaurès seine Auffassung von der internationalen Arbeitersolidarität als Bollwerk gegen Nationalismus und Krieg mit dem Leben bezahlen: der Sozialist wurde deswegen 1914 von militanten Nationalisten ermordet. Die Namen von Rosa Luxemburg und Karl Liebknecht stehen für ein vergleichbares Schicksal.

In den politischen Sketchen Valentins steckt offensichtlich mehr Realitätsgehalt als oft angenommen wird. Sie sind nicht nur die aberwitzigen Kommentare eines desillusionierten Zeitgenossen, der in die Komik geflüchtet, der in die Exile der Heiterkeit ausgewandert ist. Das belegen vor allem die Texte, die sich mit der Nachkriegszeit befassen. Die Misere nach den großen Waffengängen, die schrecklichen Folgen der beiden Weltkriege werden in den Beschreibungen des Elends, der Zerstörungen, des Hungers, der allgemeinen Not so genau und eindringlich vergegenwärtigt, daß sie zu großen Anklagen gegen den Krieg werden. Die Monologe »Fremdenfahrt in München 1946«, »Gegenwart« oder »Schlechter kann's uns nimmer geh'n« (1947) gehören zu der ›Trümmerliteratur‹, die in Deutschland nach dem Zweiten Weltkrieg die erste Bewältigung der Vergangenheit versuchte.

*Karl Valentin (geboren 1882) oder K. V. – das Kürzel stehe nicht, betonte er, für »kriegsverwendungsfähig« – feierte in den ›wilden‹ zwanziger Jahren mit seiner Partnerin Liesl Karlstadt als Artist der Kleinkunstbühne etwa im Berliner »Kabarett der Komiker« vor einem intellektuellen Publikum wahre Triumphe. Nach 1933 wurde es still um ihn, die Engagements blieben aus, obwohl einige der Nazigrößen zu seinem Stammpublikum zählten. Er ließ sich nicht auf ihre Avancen ein und schrieb lieber – bis auf wenige Ausnahmen wie die Artikel für das NS-Satiremagazin »Die Brennessel« und die »Münchener Feldpost« – für die Schublade. 1937 kam es unerwartet im Krankenzimmer von Heinrich Hoffmann, Hitlers Leibfotograf, zu einer Begegnung mit Hitler, dem sich Valentin entzog, indem er den Clown spielte. Michael Schulte (*Karl Valentin. Eine Biographie, *Hamburg 1982; zu Valentin und Hitler vgl. S. 165–173 und 204f.) schreibt dazu: »Hitler wußte, was Valentin von ihm hielt, und Valentin wußte, daß Hitler das wußte. Er wußte aber auch, daß Hitler ein treuer Anhänger seiner Kunst und früher auch ein häufiger Besucher seiner Aufführungen war. Manche Stücke, so den Einakter ›An Bord‹, hatte sich Hitler sogar ein paarmal angesehen. (Warum der Antialkoholiker Hitler ausgerechnet dieses Stück so schätzte,* *mag eine Überlegung wert sein.) Schon bald nach der Machtergreifung hatte sich Hitler, wenn auch nicht persönlich, so doch über Mittelsmänner und mit Nachdruck darum bemüht, Valentin ebenso wie andere Komiker und Humoristen für seine Zwecke einzuspannen. [. . .] Valentin lehnte ab« (S. 169f.).*

Valentin war sicherlich kein Widerstandskämpfer, trotz seiner Abneigung gegen die Hitlerdiktatur und gegen die nazistische Rassenideologie (vgl. Brief Nr. 164, Sämtliche Werke, *Bd. 6, hg. von Gerhard Gönner, München 1991, S. 159f.), aber er war auch kein Opportunist. Anders als Weiß Ferdl, der Parteimitglied wurde und mit seinem affirmativen Witz Neigungen für das neue Regime zeigte, oder Heinz Rühmann, der sich von den Nazis gebrauchen ließ, entzog sich Valentin und organisierte statt dessen sein »Panoptikum«, ein Museum der Grausamkeit. Sein Film »Die Erbschaft« wurde wegen »Elendstedenzen« 1936 verboten. Mit seinem einzigen Originalgemälde mit dem Titel »Kaminkehrer bei Nacht«, schwarze Schuhwichse verteilt über die Leinwand (beschrieben in:* Karl Valentin, Volkssänger? Dadaist?, *Ausstellungskatalog zum 100. Geburtstag, München 1982, S. 137), lieferte er seine Kritik an dem völkischen Geschwätz über deutsche und »entartete« Kunst. Nach dem Krieg erhoffte er sich einen kabarettistischen Neuanfang beim Rundfunk. Seine Komik war aber nicht mehr gefragt. Verarmt und halb verhungert starb er am Rosenmontag 1948.*

In dem Dialog »Ihr Kampf« – der Titel spielt bewußt auf Hitlers Mein Kampf *an – wird anhand der zwölf Jahre dauernden Ehe der Frau Braun die Parallele zu der zwölfjährigen Diktatur des sogenannten Dritten Reiches gezogen. »Frau Braun – man könnte an Ihrem normalen Geisteszustand zweifeln, daß Sie 12 Jahre all das Schreckliche mit solcher Geduld ertragen haben – Sie sind im wahren Sinne des Wortes eine Märtyrerin.« Die Antwort darauf: »Eine Märtyrerin? Ein Rindviech war ich 12 Jahre lang.« Hitler und seine braunen Rotten werden als Schwindler, Betrüger, Ausbeuter bezeichnet, die das Volk in Not und Elend gestürzt haben. Valentin beschränkt sich in diesem Dialog auf eine Sichtweise, nämlich wie die einfachen Leute das Ende der mörderischen Herrschaft erleben. Dadurch unterstreicht er die Perspektive der Kleinbürger, die – jetzt enttäuscht und hintergangen – sich vom Nationalsozialismus einiges erhofft hatten. Wenn er die kleinbürgerliche Perspektive wählt, werden seine politischen Texte äußerst prägnant und in ihrem sozialen und politischen Gehalt radikal. Generell gilt für Valentin, was Ernst Bloch in einem Interview einmal so formuliert hat: »Wenn man Platten von Valentin gehört oder Filme von ihm gesehen hat, dann kann man dort mit der schärfsten Lupe nachsehen, bis man einen Nazi-Ton findet und bei seinem Publikum auch nicht, und das in München. Sehr auffallend. Es gibt innerhalb der Ungleichzeitigkeit verschiedene Stadien von Ungleichzeitigkeit und eines davon ist Valentin« (Helmut Bachmaier [Hrsg.],* Kurzer Rede langer Sinn, *Texte von und über Karl Valentin, München 1990, S. 283).*

Der Falschheit als einer anthropologischen Konstante widmete Valentin eine eigene »komisch philosophische Betrachtung« mit folgendem Schluß: »Die Falschheit ist ein unentbehrliches Hilfsmittel, welches heute für manchen beim Ausfüllen von Fragebögen unentbehrlich erscheint.« Auch in »Nein« kommt der eine Dialogpartner am Ende auf das gewissenhafte Ausfüllen der Entnazifizierungsbögen zu sprechen. Valentins eigener »Fragebogen vom Autorenausschuß zur Entnazifizierung deutscher Schriftsteller, von Karl Valentin ausgefüllt« vom 25. 10. 1945 ist erhalten und liegt in der Handschriften-Sammlung der Stadtbibliothek München (im Wortlaut abgedruckt bei: Erwin und Elisabeth Münz [Hrsg.], Geschriebenes von und an Karl Valentin. *Eine Materialiensammlung 1903 bis 1948, München 1978, S. 287f.). Dort findet sich unter den Angaben zu »Beruflichen Schwierigkeiten seit 33; politischer und künstlerischer Art« folgender Eintrag von Valentins Hand: »Kolosseum und Deutsches Theater vernichtet [Auftrittsorte von K. V.], Ritterspelunke geschlossen wegen polit. Schwierigkeiten, boykottiert von Film und Funk/Verbot von Büchern oder Publikationen, Stellungs- und Vertragsverluste, Nennung in ›Schwarzen Listen‹, Einreihung in ›Schund- und Schmutzliteratur‹ und ›Unerwünschte Lite-*

ratur‹: Valentinbilderbuch ab 33 verboten wegen darin veröffentl. Anerkennungsartikeln v. jüdischen Künstlern etc.«

Die politische Entwicklung von den Kriegscouplets (»Kriegsmoritat . . . (von 1914)«, »Prolog zur Kriegszeit 1916«: in vorliegendem Band erstmals veröffentlicht aus dem Liesl-Karlstadt-Nachlaß; K. V. hatte die Texte vernichtet) über »Die Frau Funktionär« (1918) und die Notlage nach dem Ersten Weltkrieg (»Vom Wohnungsamt«) bis zu den späten Zeitkommentaren (»Gegenwart«, »Ihr Kampf«, »Schlechter kann's uns nimmer geh'n«) belegt Valentins wachsenden Einsatz für soziale Gerechtigkeit und die Entwicklung eines – zuletzt resignativen – Pazifismus. Es ist eine typische deutsche Biographie: zuerst angestachelt vom Kriegsfuror 1914, dann der Umschlag zur Sozialkritik, schließlich die Haltung eines pazifistischen Pessimisten. Zwischendurch gibt es dezidierte Stellungnahmen: etwa zum Spanischen Bürgerkrieg (»Ich mische mich in die Nichteinmischung mitten hinein!« – Nichteinmischung war die Leitlinie der meisten europäischen Staaten während des Bürgerkriegs 1936 in Spanien), skurrile Vorschläge zur Verkehrspolitik (»Auf dem Marienplatz«), oder er will den Theaterzwang, ähnlich der Schulpflicht, einführen, um die Krise der Theater zu beheben (»Zwangsvorstellungen«). Alle diese Vorschläge wirken durch die Kluft zwischen pragmatischer Argumentation und absurdem Inhalt komisch und markieren die Verwicklung der praktischen Vernunft im Labyrinth von Unmöglichkeiten. Schließlich wird die Atombombe zum angstbesetzten Katastrophenthema (»Zwei Frauen unterhalten sich über die Atombombe«).

In dem Dialog »Die Fremden« gelingt Valentin eine subtile semantische Analyse der Bedeutung von Fremdheit. »Fremd« ist ein relativer Begriff, denn jeder und jede kann fremd sein, es braucht nur der Kontext oder die Umgebung geringfügig verändert zu werden. Der Fremde ist der andere meiner selbst, derjenige, der ich auch sein könnte.

In dem Artikel »Vom eigenen Willen« gibt er eine allgemeine Begründung für die Unzulänglichkeiten und Miseren in unserer Welt: Der freie Wille ist die Ursache dafür, daß die Verhältnisse nicht so sind, wie sie sein sollten. Die Willensfreiheit überfordert die Menschen und macht sie unberechenbar. Valentin vertritt damit eine Anschauung, die in der Geschichte der Willensmetaphysik (Molinismus, Quietismus) oft vertreten worden ist und die in der Willensverneinung das höchste moralische Gebot sieht. Diese Traditionen waren ihm ebenso unbekannt wie die Philosophie Schopenhauers, trotzdem ist es bemerkenswert, daß sich seine Anschauungen in diese Linie stellen lassen.

Einige seiner Sketche haben die politische Rhetorik, die Phrasen der Politikersprache zum Gegenstand (»Unpolitische Rede«, »Vereinsrede«). Die Austauschbarkeit der Formulierungen, das Spiel mit sprachlichen Versatzstücken, die Beliebigkeit der Floskeln, die semantische Leere des Wortmaterials, die Akkumulation von Phrasen wird in den politischen Reden so weit geführt, daß sie absolut nichtssagend werden. Diese Sprachkritik kann durchaus in der Nachfolge von Karl Kraus gesehen werden.

Daß politisch Lied ein garstig Lied sei, wußte Karl Valentin. Deshalb versicherte er immer wieder, daß seine Arbeiten völlig unpolitisch, vielmehr humoristisch und damit allgemein-menschlich seien, also immer und überall auf die Lage des Menschen träfen. Auskunft darüber gibt er in seinem Brief über politische Kunst, der am Ende dieses Bandes abgedruckt ist und so etwas wie einen kleinen Kanon seiner Kunstauffassungen darstellt. Allerdings haben seine Texte oft ein kritisches Eigenleben, das durch intendierten Politikverzicht nicht behindert werden kann.

Seine unpolitische Einstellung betonte er besonders in seinen Briefen, in denen der Jargon des Unpolitischen vorherrscht. Es liegt durchaus nahe, wie der Herausgeber der Valentin-Briefe, Gerhard Gönner, vermutet, daß Valentin das Ausmaß der nazistischen Verbrechen nicht erkannt hat. Weder Emigration noch der Genozid am jüdischen Volk werden in den Briefen auch nur erwähnt. Dafür wird eher eine gewisse Normalität, eine gewöhnliche Alltäglichkeit verbreitet. Natürlich rechnete der Hypochonder Valentin immer nur mit der schlimmsten aller Möglichkeiten; er, der an einer Erwartungs-

neurose litt, war immer auf das Entsetzlichste gefaßt. Daraus erklärt sich seine Abneigung gegen jeglichen Militarismus: die Verachtung der Gewalt durch einen eingebildeten Kranken. Die Atombombe war das gefundene Objekt für seine latente Weltuntergangsstimmung. Er konnte kein subversiver Antifaschist sein, dafür war er eingestandenermaßen zu ängstlich. Eher war ihm das Mitleid oder die Sympathie für verarmte Kleinbürger gemäß. Dabei darf nicht vergessen werden, daß sich Valentin nie als Widerstandskämpfer stilisiert oder innere Emigration geltend gemacht hat. Nach dem Krieg berief er sich nicht einmal auf die Schikanen durch die braune Kulturpolitik, um sich dadurch einen Vorteil bei den Medien zu verschaffen. Es bedeutet schon viel, zu gewissen Zeiten kein Parteigänger oder kein Opportunist gewesen zu sein.

In seinem Juxmuseum, dem »Panoptikum« (1934–1935), inszenierte er einige politische Anschläge und lenkte die Aufmerksamkeit der Besucher auf die Formen politischer Gewalt. Seine »Deutsche Bank 1923«, eine Gartenbank mit Banknoten überklebt, machte auf die Wertlosigkeit der Währung in der Inflationszeit und auf den Funktionsverlust des Zahlungsmittels aufmerksam. Dreschflegel empfahl er den Außenministern für ihre politischen Auseinandersetzungen. Oder er zeigte eine leere Zuchthauszelle, um an die vielen politischen Gefangenen zu erinnern. Er hängte »Gedichte. Einst und Jetzt« an die Wand: Neben Schillers »Glocke« hingen Ausschnitte aus der »Wolkenpumpe« Hans Arps und aus Alexander Mettes »Lyrischem Porträt« – beide Autoren galten damals als »artfremd«.

Populär war und blieb Valentin jedoch durch die politischen Anekdoten, die über ihn in Umlauf gebracht wurden. Darin zeigte er sich als der renitente Querdenker, der nicht zum Chor der Einverständigen gezählt werden kann. Einige der Anekdoten werden im folgenden wiedergegeben.

*Der Schauspieler Rudolf Fernau (*Als Lied begann's. Lebenstagebuch eines Schauspielers*) überlieferte zum 11. 12. 1941, Hitler erklärte Amerika den Krieg, folgendes: »Als man dem Münchner*

Original und Komiker Karl Valentin einen Globus mit den riesigen Erdteilen Amerika, Rußland und dem englischen Empire zeigte, fragte er: ›Und Deutschland? Wo liegt denn das?‹ Man führte seinen Finger auf einen kleinen Punkt Europas. Verwundert sah er auf und fragte: ›Ja, weiß denn das der Hitler?‹«

Oskar Maria Graf (An manchen Tagen. Reden, Gedanken und Zeitbetrachtungen) *in seiner Erinnerung zum Tod Valentins: »Und als Hitler kam, schickte Valentin an den ihm wesensverwandten Schauspieler Pallenberg nach Wien eine offene Ansichtspostkarte aus Garmisch; darauf stand bloß dieser eine Satz: ›In Garmisch ist sogar der Schnee noch frei – Herzlichen Gruß Karl Valentin‹.«*

Sigismund von Radecki (Das ABC des Lachens) *berichtet folgendes: »Ein Münchener Parteigenosse suchte Karl Valentin zum Nazismus zu überreden: ›Aber Herr Valentin, schauen Sie doch die Millionen, die für Hitler sind – die Millionen –!‹ – ›Millionen, dös schon‹, sagte Valentin nachdenklich: ›Aber* einen *möcht ich sehen . . .‹«*

Karl Valentin, der Komiker der absurden Alltäglichkeit, stand in den wechselvollen historischen Zeitläuften fragend und auf Gerechtigkeit insistierend oftmals verwundert vor dem Geschehen. Die Wirklichkeit hatte die Schreckensvisionen des Clowns zumeist übertroffen, seine Sprache nahe ans Verstummen gebracht. Nur eine gewitzte Drehung gegen die Verhältnisse bewahrte ihm seine mühsam zusammengehaltene Identität.

Helmut Bachmaier